Der HUND – am Anfang war der Wolf

Der HUND – am Anfang war der Wolf

Artgerechte und verständnisvolle Haltung

David Alderton

Müller Rüschlikon

Einbandgestaltung: ComArt, CH-6330 Cham

ISBN 3-275-01297-5

1. Auflage 1999

Titel der englischen Originalausgabe:
«The Wolf within»

Deutschsprachige Ausgabe:
Aus dem Englischen übersetzt von
Dr. Peter A. Widmer
Lektorat: Rosemarie Wild

Satz: IMAGO, CH-6302 Zug

Druck und Bindung: Star Standard
Industries (Pte) Ltd, Singapore

Printed in Singapore

INHALTSVERZEICHNIS

HUNDE: DER WILDNIS EN

TSTAMMEND

Der Haushund zeigt noch immer viele Verhaltensmuster seines Vorfahren, des Grauwolfes; und dies trotz eines Domestikationsprozesses, der sich schon über Tausende von Jahren erstreckt. Ironischerweise sind Hunde sowohl als Hausgenossen wie als Arbeitstiere überall beliebt, während der Wolf in vielen seiner früheren Lebensräume durch menschliche Verfolgung ausgerottet wurde. Die Anpassungsfähigkeit wilder Caniden wird deutlich demonstriert durch den Rotfuchs, für den das Leben mitten in Städten ganz normal geworden ist – und zwar nicht nur auf der nördlichen Hemisphäre, sondern auch in Australien, wo er aus Europa eingeführt wurde.

WILDE VERWANDTE

Obschon in vielen Fällen das Erscheinungsbild des Haushundes von seinem Vorfahr, dem Grauwolf, sehr stark abweicht, haben dennoch alle Hunde viele anatomische und verhaltensmäßige Eigenheiten mit ihren wild lebenden Verwandten gemeinsam. Die Familie der Caniden (= Hundeartige) weist 33 verschiedene Arten auf, und deren Lebensräume findet man vom hohen Norden bis zur Spitze Südamerikas. Der einzige Kontinent ohne ursprüngliche Population von Wildcaniden ist Australien. Den Rotfuchs führte man dort in der Mitte des 19. Jahrhunderts ein, und Siedler hatten in prähistorischer Zeit den Dingo mitgebracht.

Polarfuchs *(Alopex lagopus)*
Ganzer Polarbereich. Er ist seinem Lebensraum sehr gut angepaßt und hat z.B. behaarte Fußsohlen, um sich gegen Erfrierungen zu schützen. Aus demselben Grund hat er kleine Ohren und einen sehr dicken Pelz. Er kommt in zwei Farbvarianten vor; Polarfüchse können entweder ganz weiß sein oder blau mit einem grauen Einschlag. Im Sommer werden sie bräunlich bzw. von dunklem Schokoladebraun, was sie in dieser Jahreszeit besser tarnt. Nager, vor allem Lemminge, gehören zu ihrer Hauptnahrung. Sie fressen jedoch auch Aas und sogar Beeren.

Kojote *(Canis latrans)*
Nord- und Zentralamerika. Es gibt frappante Größenunterschiede unter den Kojoten. Diejenigen aus nördlichen Gebieten können bis 34 Kilogramm wiegen und sind somit dreimal so schwer wie jene aus Mexiko, ihrem südlichsten Lebensraum. Ihr Name stammt vom aztekischen Wort coyotl, welches «bellender Hund» bedeutet. Kleiner und anpassungsfähiger als der Wolf hat sich der Kojote trotz intensiver Verfolgung durch die Landwirtschaft weit über die westlichen Prärien Nordamerikas hinaus ausgebreitet. Dagegen hat die Wolfspopulation in der gleichen Zeit abgenommen. Kojoten ernähren sich von Kaninchen, Aas, jedoch auch von Schafen und Ziegen.

Grauwolf *(Canis lupus)*
Nordamerika, Europa und Asien. Er ist der größte aller Hundeartigen und war ursprünglich fast auf der ganzen Nordhalbkugel zu finden. Heutzutage sind seine Lebensräume durch die menschliche Verfolgung und durch die Verstädterung sehr stark eingeschränkt. In Rudeln lebend, braucht er großräumige Gebiete, wo er Beutetiere in der Größe von Hirschen jagen kann. In der letzten Zeit hat eine aufgeklärtere Einstellung dazu geführt, daß man den Grauwolf erfolgreich in Gegenden wiedereingesetzt hat, wo er ausgestorben war.

Rotwolf *(Canis rufus)*
Nordamerika. Obgleich der Rotwolf durch ein Zuchtprogramm in Gefangenschaft vor dem Aussterben bewahrt wurde, ist seine Zukunft noch immer ungewiß. Er war ursprünglich weit in den südöstlichen Vereinigten Staaten von Texas bis Florida verbreitet. Lebensraumverlust und Jagddruck haben zu seinem Niedergang beigetragen. Die ersten gezüchteten Rotwölfe wurden 1988 ausgesetzt, acht Jahre, nachdem diese Wolfsart in freier Wildbahn verschwunden war. Einige von ihnen haben sich erfolgreich fortgepflanzt. Eine Vermischung mit dem Kojoten, der die ehemaligen Lebensräume des Rotwolfes für sich in Anspruch genommen hat, bleibt eine akute Bedrohung.

Caniden (Hundeartige) Nord- und Südamerikas

Die Mehrheit aller Wildcaniden findet man auf den beiden amerikanischen Kontinenten, aber ihre Verbreitung ist dort klar aufgeteilt. Der Lebensraum der nördlichen Vertreter, wie etwa jener des Kojoten, erstreckt sich nicht nach Südamerika. Es sind kleinere Fuchsarten, die auf dem südlichen Kontinent vorherrschen.

1 **Rotwolf**
2 **Kojote**
3 **Mähnenwolf**
4 **Graufuchs**
5 **Swift-Fuchs**
6 **Culpeo-Fuchs**
7 **Südamerikanischer Graufuchs**
8 **Waldfuchs**
9 **Kurzohrfuchs**
10 **Insel-Graufuchs**
11 **Brasilianischer Kampffuchs**
12 **Waldhund**
13 **Sechura-Fuchs**
14 **Pampasfuchs**

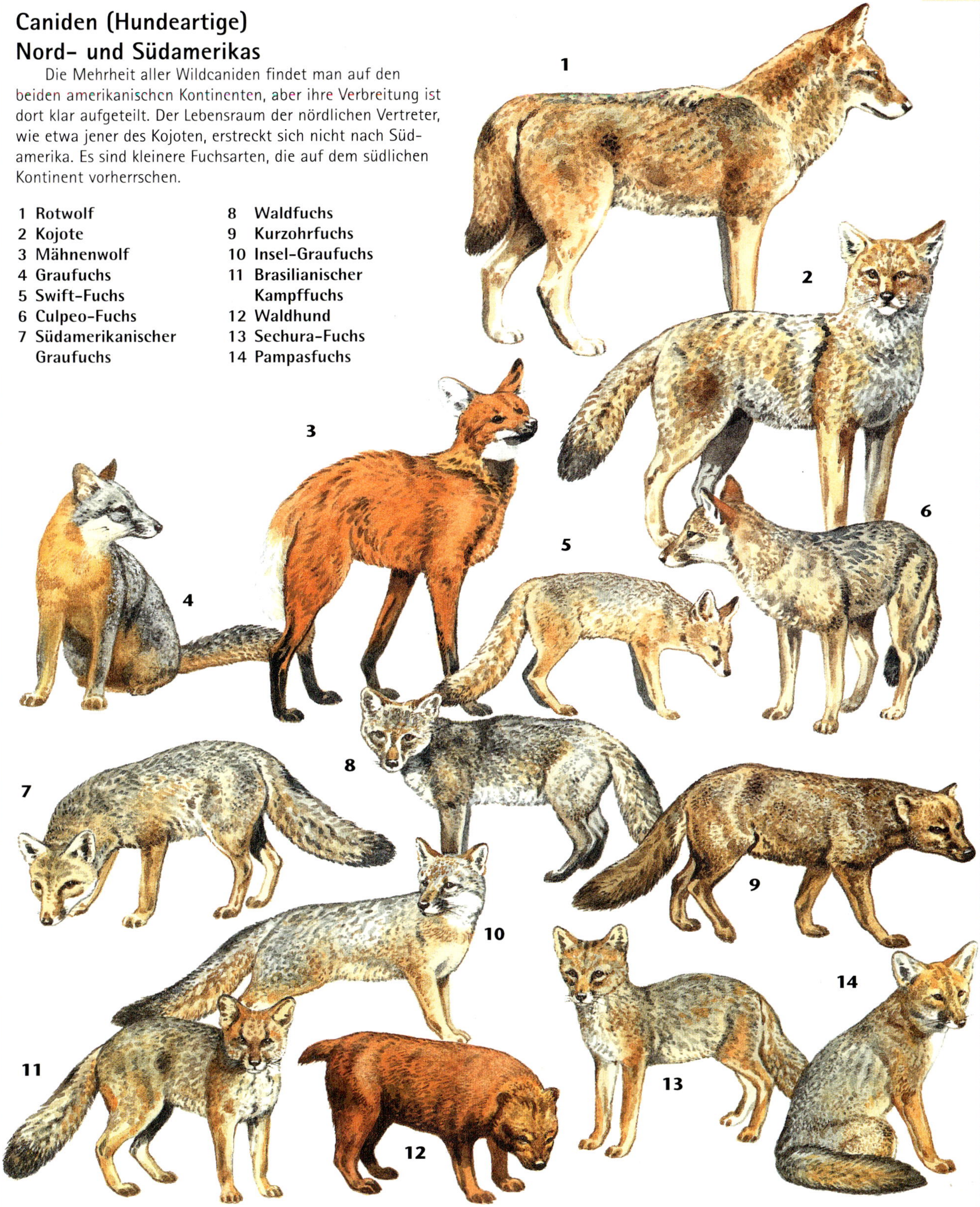

Graufuchs
(Urocyon cinereoargenteus)
Nord, Zentral- und Südamerika. Mit kurzen Beinen versehen, ist dieser Fuchs, im Gegensatz zu anderen Wildhunden, ein wendiger Kletterer. Die Wohnungen des Graufuchses kann man bis zu neun Metern hoch in Bäumen finden, obwohl er auch gerne unter der Erde haust; dies besonders in den nördlicheren Teilen seines Lebensraumes, der bis hinauf zur kanadischen Grenze reicht. Seine Nahrung variiert von Kleinsäugern und Vögeln über wirbellose Tiere bis zu Früchten. Die Jungen werden schwarz geboren.

Insel-Graufuchs
(Urocyon littoralis)
Nordamerika. Der Lebensraum dieses Fuchses ist beschränkt auf sechs der acht Kanalinseln an der Küste Südkaliforniens. Er sieht dem Graufuchs nicht nur ähnlich, sondern hat auch dieselben Vorfahren. Er ist kleiner als sein Verwandter vom Festland und hat einen kürzeren Schwanz.

Swift-Fuchs *(Vulpes velox)*
Nordamerika. Er kommt im Westen der Vereinigten Staaten vor und ist in Kanada, wo er ausgestorben war, vor kurzem wieder ausgesetzt worden. Giftköder zur Bekämpfung der Kojoten waren eine Hauptursache für seinen Niedergang. Zudem bringen die Kojoten diesen Fuchs um, wenn sie ihn erwischen, was ihm das Leben in Gebieten erschwert, wo sich die Kojotenpopulation unkontrolliert entfalten kann.

Rotfuchs *(Vulpes vulpes)*
Nordamerika, Europa, Afrika und Asien. Anpassungsfähiger als der Grauwolf, hat sich der Rotfuchs in den vergangenen Jahren noch weiter ausgebreitet. Er ist heutzutage selbst in Großstädten eine normale Erscheinung, wo er eine spezielle Lebensform entwickelt hat: Er sucht sein Futter vor allem in Abfallsäcken und auf der Straße, jagt aber auch Vögel, Mäuse und Ratten. In Afrika beschränkt sich sein Lebensraum auf den Norden. Die Nachkommen jener Rotfüchse, die man von 1845 an für die Fuchsjagd nach Australien brachte, haben längst den ganzen Kontinent in Besitz genommen. Profitiert haben sie dort vor allem durch die Einführung des Wildkaninchens.

Afrikanische Caniden

Während die meisten afrikanischen Caniden von Natur aus Einzelgänger sind, lebt der Afrikanische Jagdhund in Rudeln. Er ist deshalb ein gefürchteter Jäger, verglichen mit den anderen, welche sich vornehmlich von kleineren Nagetieren ernähren.

1 Schabrackenschakal
2 Afrikanischer Wildhund
3 Kapfuchs
4 Streifenschakal
5 Blaßfuchs
6 Äthiopischer Schakal
7 Löffelhund
8 Fennek

Goldschakal *(Canis aureus)*
Afrika, Europa und Asien. Dieser Schakal kommt quer durch Nordamerika und den Mittleren Osten vor, und sein asiatisches Verbreitungsgebiet weitet sich zurzeit ostwärts nach Thailand aus. Man trifft ihn auch weiter nördlich an als andere Schakale, nämlich in südöstlichen Teilen Europas. Er hat den Ruf eines Aasfressers, jagt aber auch verschiedenste Beutetiere. In Israel z. B. sind dies auch Schlangen, was man dort nach einer Schakal-Vergiftungskampagne erkannte. Die Zahl der Schakale ging zwar in den betreffenden Gebieten drastisch zurück, was aber zu einer erheblichen Zunahme von Schlangenbissen führte.

Streifenschakal *(Canis adustus)*
Afrika. Der Streifenschakal lebt in tropischen, vor allem bewaldeten Gebieten Afrikas. Er hat deutliche Streifen hellerer Haare, welche an den Körperseiten nach unten verlaufen, und einen kräftigeren Fang als andere Schakale. In Landwirtschaftsgebieten stiehlt er oft Gemüse, lebt aber genauso von Aas und Nagern. In manchen Gegenden wird er wegen seines Fells und seiner Krallen gejagt – diese Körperteile haben den Ruf, böse Geister zu verjagen.

Schabrackenschakal
(Canis mesomelas)
Afrika. Vom Schabrackenschakal gibt es zwei weit voneinander getrennte Populationen. Die südliche findet sich quer durch Afrika von Angola und Simbabwe bis hinunter zum Kap, während sich die nördliche auf Ostafrika konzentriert. Die Jungen haben anfänglich ein gräuliches Fell und erhalten ihre Erwachsenenfarbe erst nach drei Monaten.

Äthiopischer Schakal
(Canis simensis)
Afrika. Früher als Abessinischer Fuchs bezeichnet, ist diese sehr rare Schakalart sozusagen beschränkt auf den Balé Mountains National Park in Äthiopien. Man schätzt den jetzigen Bestand dort auf 700 Exemplare. Anders als die meisten Wildcaniden, erweist sich der äthiopische Schakal oft als recht zahm und zeigt manchmal eine Fluchtdistanz von nicht mehr als drei Metern. Das macht ihn für Jäger zu einer leichten Beute.

Afrikanischer Wildhund
(Lycaon pictus)
Afrika. Die Verbreitung dieser Art hat sich aus ähnlichen Gründen wie beim Wolf enorm verringert. Auch sie lebt im Rudel und jagt große Beutetiere, z. B. das Gnu. Ebenso ist die Größe der Rudel geschrumpft – heute sind Gruppen von mehr als 30 Exemplaren selten, während früher Rudelstärken von 100 und mehr ziemlich häufig waren. Ein Kennzeichen dieser Wildhundrudel ist, daß sie vorwiegend aus miteinander verwandten männlichen Tieren bestehen.

Kapfuchs *(Vulpes chama)*
Afrika. Der Lebensraum des Kapfuchses ist das südliche Afrika und wird nördlich begrenzt durch den Sambesi-Fluß. Er ist die einzige Fuchsart, die südlich des Äquators vorkommt und bewohnt offene und trockene Landstriche. Tagsüber hält er sich normalerweise verborgen. Er jagt viele Kleintiere, frißt aber auch Pflanzen und Beeren. Von Natur aus ein Einzelgänger, ernährt er sich zudem von menschlichen Abfällen und wird auch beschuldigt, Lämmer zu reißen. Viel wahrscheinlicher macht er sich aber über bereits verendete dieser Tiere her.

Fennek *(Fennecus zerda)*
Afrika. Der Fennek ist der kleinste aller Wildhunde; er hat die Größe eines kleinen Schoßhundes und wiegt ein bis eineinhalb Kilogramm. Große Ohren helfen ihm, seine Beutetiere zu lokalisieren, welche in seinem Habitat, den Wüstengebieten Nordafrikas, hauptsächlich aus Kleinnagern besteht. Er ist jedoch imstande, Tiere zu töten, die größer sind als er selbst, z. B. Kaninchen. Tagsüber zieht sich der Fennek aus der Hitze in ein unterirdisches Versteck zurück. Er kommuniziert nicht nur durch Bellen, sondern gibt innerhalb der Familie auch eine Art Schnurren von sich.

Blaßfuchs *(Vulpes pallidus)*
Afrika. Auch als afrikanischer Sandfuchs bezeichnet, findet man diese Art in einem breiten Streifen quer durch das nördliche Afrika, der im Süden an die Sahelzone grenzt. Mit einer Schulterhöhe von 25 cm und einem Gewicht von drei Kilo ist der Blaßfuchs größer und schwerer als der Fennek. Seine Färbung variiert von fahlem Rot zu Gelbbraun.

Rüppell-Fuchs *(Vulpes rueppelli)*
Afrika, Mittlerer Osten und Asien. Dieser Fuchs lebt in nördlicheren Regionen als der Blaßfuchs, von Marokko über die arabische Halbinsel bis nach Afghanistan und Pakistan. Die beiden sind sich ähnlich in den Körpermaßen, aber der Rüppell-Fuchs hat größere Ohren, und seine Färbung variiert von sandfarben bis grau.

Afghanfuchs *(Vulpes canus)*
Mittlerer Osten und Asien. Aufgrund von Beobachtungen nimmt man an, daß das Verbreitungsgebiet des Blanford-Fuchses sich weiter erstreckt als früher angenommen und bis hinein in Teile des Mittleren Ostens reicht. Als eigentliche Lebensräume galten vorher Afghanistan und die südwestlichen Gebiete der ehemaligen Sowjetunion. Dieser Fuchs hat einen schlanken Fang, was darauf hindeuten mag, daß Insekten und Früchte in seiner Ernährung eine bedeutende Rolle spielen. Zudem jagt er kleine Nager.

Löffelhund *(Otocyon megalotis)*
Afrika. Es gibt zwei typische Populationsgebiete des Löffelhundes. Er hat seinen Namen aufgrund seiner großen Ohren erhalten, die bis 13 cm lang sind und schwarze Spitzen aufweisen. Daher spricht man gelegentlich auch vom schwarzohrigen Fuchs. Er ist vorwiegend ein Insektenfresser, der sich von Termiten und Käfern ernährt.

Bengalfuchs (Vulpes bengalensis)
Asien. Dieser Fuchs ist auf dem indischen Subkontinent weit verbreitet, wobei er offene Landstriche bewaldeten Gebieten vorzieht. Er scheint fast ganzjährig im Paar zu leben, wobei aber die Partner oft alleine jagen. Er bewohnt einen Bau, der entweder ein ganz einfacher Tunnel sein kann, manchmal jedoch aus einem komplexen Netz miteinander verbundener Kessel besteht und mehrere Eingänge hat.

Steppenfuchs *(Vulpes corsac)*
Asien. Eigentlich in Zentralasien beheimatet, weitet diese Fuchsart ihren Lebensraum zur Zeit ostwärts in die Mongolei aus. In manchen Gebieten leben die Tiere in relativ hoher Dichte und bewohnen nahe beieinander liegende Bauten, was zum Begriff Corsac-Städte geführt hat. Da der Corsac-Fuchs seines Pelzes wegen intensiv bejagt wurde, ist er vielerorts selten geworden. Auch der Ackerbau hat zu seinem Rückgang beigetragen, da er traditionelle Fuchs-Wohngebiete zerstörte.

Tibetfuchs *(Vulpes ferrilatus)*
Asien. Fuchsart, die auf Tibet und angrenzende Gegenden beschränkt ist, in hoch gelegenen Gebieten lebt und Schutz sucht unter Haufen aus Steinbrocken und in Bauten unter großen Felsen. Der Tibetfuchs hat einen langen Fang mit einem kraftvollen Gebiß. Dies deutet darauf hin, daß er sich vorwiegend von Nagern ernährt. Über seine Lebensgewohnheiten ist aber wenig bekannt. Dichtes Haar und kleine Ohren schützen ihn vor Kälteeinflüssen. Man fängt ihn seines Pelzes wegen, um daraus Hüte herzustellen.

Rothund *(Cuon alpinus)*
Asien. Knochenfunde von Rothunden bestätigen, daß er auch in Europa einst ansässig war. Seine heutige Verbreitung reicht von Indien ostwärts bis nach China und südwärts nach Java. Rothunde leben in Rudeln von einem Dutzend und mehr Exemplaren, die meist miteinander verwandt sind. Außerhalb der Paarungszeit können sich einzelne Rudel zu Verbänden bis zu über 100 Tieren, zu sogenannten «Clans», zusammenschließen. Rothunde jagen große Beutetiere, z. B. Hirsche. Sie verständigen sich durch eine Art heulendes Pfeifen.

Mähnenwolf
(Chrysocyon brachyurus)
Südamerika. Trotz seines Namens steht dieser Canide den Füchsen näher als den Wölfen. Seine Schulterhöhe kann bis 76 cm betragen. Dies befähigt ihn, das Grasland, welches er bewohnt, weit herum zu überblicken. Vögel sind seine Hauptnahrung. Schnelligkeit und Gewandtheit erlauben es ihm, solche Beutetiere zu fangen, die im weiteren Nager und sogar Haushühner mit einschließen. Regelmäßig nimmt er auch Früchte zu sich.

Culpeo-Fuchs *(Dusicyon culpaeus)*
Südamerika. Der Culpeo-Fuchs ist über die ganze Länge Südamerikas verbreitet. Er ist der größte Vertreter seiner Gattung, wobei die stattlichsten Exemplare an der Südspitze seines Lebensraumes zu finden sind. Er schlägt gelegentlich Schafe, ernährt sich aber hauptsächlich von Nagern und Kaninchen.

Waldfuchs *(Cerdocyon thous)*
Südamerika. Der Waldfuchs ist sehr weit verbreitet, kommt aber am häufigsten im zentralen Teil des Kontinents vor, in Bolivien, Paraguay, Uruguay und Argentinien. Er frißt bei Gelegenheit Landkrebse, nimmt aber auch eine große Auswahl an anderer Nahrung zu sich, sogar Bananen.

Pampasfuchs
(Dusicyon gymnocercus)
Südamerika. Dieser Fuchs ist weit verbreitet. Er ist ein Einzelgänger, der sich von allen möglichen Kleintieren, auch Vögeln, ernährt. In gewissen Gebieten wird er stark verfolgt. Er zeigt eine ausgeprägte Menschenscheu und, wenn überrascht, drückt er sich oft, d. h., er bleibt unbeweglich liegen oder stehen in der Hoffnung, übersehen zu werden.

Südamerikanischer Graufuchs
(Dusicyon griseus)
Südamerika. Der südamerikanische Graufuchs war wegen seines Pelzes intensiver Bejagung ausgesetzt. Er ist, verglichen mit anderen Gattungsvertretern, klein und wiegt durchschnittlich nur knapp über vier Kilo. Man findet ihn bis ganz an die Südspitze des Kontinents, wo es im Winter bitterkalt sein kann.

Kurzohrfuchs
(Atelocynus microtis)
Südamerika. Er ist einer der geheimnisvollsten Angehörigen seiner Gattung, denn seine Lebensgewohnheiten sind bis heute nahezu unbekannt. Seine Heimat ist das Amazonasbecken, doch ist seine genaue Verbreitung unklar. Er weist eine Schulterhöhe von ca. 35 cm auf und wiegt ungefähr zehn Kilogramm. Soviel man über ihn weiß, ist er nachtaktiv und ein Allesfresser.

Brasilianischer Kampffuchs
(Dusicyon vetulus)
Südamerika. Der brasilianische Kampffuchs bewohnt die südwestlichen Teile Brasiliens, wo er während des Tages in den Pampas und in lichten Waldgebieten jagt. Er fängt Nager und andere Kleinsäuger, frißt aber auch wirbellose Tiere. Die Jungen werden in Erdbauten geboren, wobei Füchsinnen oft die von Gürteltieren gegrabenen Tunnel benutzen.

Sechura-Fuchs
(Dusicyon sechurae)
Südamerika. Dieser Fuchs hat seinen Namen von der Sechura-Wüste und kommt nur in einem begrenzten Raum des östlichen Südamerika vor, nämlich im südlichen Ecuador und in den angrenzenden Gegenden Nordperus. Mit einem Körpergewicht von etwa drei Kilo ist er der kleinste Vetreter seiner Gattung. Er sucht nach Aas entlang der Küste, ernährt sich aber auch von allem möglichen und ist gelegentlich gezwungen, selbst Samenhülsen zu sich zu nehmen, um überleben zu können.

Waldhund *(Sopeothos venaticus)*
Zentral- und Südamerika. Das Verbreitungsgebiet des Waldhundes erstreckt sich von Panama bis ins nördliche Südamerika. Er gleicht einem Otter, hat einen kurzen Schwanz und ist, was in der Tierwelt sehr unüblich ist, auf der Körperunterseite dunkler gefärbt als am restlichen Körper. Er lebt am und im Wasser und jagt dort vorwiegend Nager, vor allem auch das Capybara.

Marderhund
(Nyctereutes procyonoides)

Europa und Asien. Der dem Waschbär sehr ähnliche Marderhund stammt aus Ostasien, wurde aber in mehreren Gebieten der ehemaligen Sowjetunion ausgesetzt in der Hoffnung, er würde sich rasch vermehren und könne dann seines Pelzes wegen gejagt werden. In der Folge hat er sich nach Europa ausgebreitet, und zwar quer durch Deutschland westwärts bis nach Frankreich. Er ist sehr heimlich, da er vorwiegend nachtaktiv ist und nicht bellt.

Eurasische Caniden

Diese Wildhunde schließen Arten wie den Polarfuchs mit ein, der auf den nördlichen Breitengraden buchstäblich in der ganzen Welt verbreitet ist. Er ist von Natur aus enorm anpassungsfähig und dazu geschaffen, in karger Umgebung zu überleben.

1 Steppenfuchs
2 Tibetfuchs
3 Rothund
4 Bengalfuchs

VOM WILD LEBENDEN WOLF ZUM DOMESTIZIERTEN HUND

Einblick in ein Verwandtschaftsverhältnis

Es ist nicht einfach Zufall, daß die meisten Leute eher einen Welpen als einen älteren Hund wählen, wenn sie nach einem Familienhund suchen. Abgesehen davon, daß er süß aussieht, bringt ein Welpe die besseren Voraussetzungen mit, sich anzupassen und findet sich bereitwilliger in einem neuen Heim zurecht. Ältere Hunde erweisen sich oft als scheuer, und es können auch Probleme mit ihnen auftauchen, die anfänglich nicht augenfällig sind, wie etwa aggressives Verhalten.

Ein junger Welpe wird sehr schnell die Familie als sein Rudel akzeptieren. Es ist die Fähigkeit, die Loyalität zu anderen Rudelmitgliedern auf die Menschen zu übertragen, welche den Hund zu einem solch populären Haustier gemacht hat.

Normalerweise ist es auch möglich, einen Welpen ins Haus zu bringen, wenn schon ein älterer Hund vorhanden ist. Ein reifer Hund dagegen könnte in einer solchen Umgebung ein Risiko bedeuten. Ist ein Hund an einem bestimmten Ort zu Hause, wird er dort im allgemeinen viel weniger Abneigung zeigen gegen einen Welpen als gegen einen Hund, der über einjährig ist. Ein viel jüngerer Kumpan kann einem älteren Hund auch zu neuer Lebenslust verhelfen. Und kommt später einmal die Zeit, wo man sich vom alternden Vierbeiner trennen muß, mag dieses Erlebnis dank der Anwesenheit des jüngeren nicht allzu traumatisch sein.

All diese Aspekte des Hundeverhaltens können zurückgeführt werden auf die Sozialstruktur, welche in Wolfsrudeln im Zusammenhang mit Welpen besteht. Diese befinden sich am Fuße der Rangordnung und verhalten sich gegenüber anderen Rudelangehörigen unterwürfig. Im Gegenzug werden sie von erwachsenen Wölfen beiden Geschlechts freundlich behandelt.

Zusammen mit Menschen aufgezogenen Wolfswelpen fehlt die Scheu und Reserviertheit, die älteren Wölfen eigen ist. Genau so sind Hundewelpen in einer neuen Umgebung viel freundlicher zu Menschen als erwachsene Hunde.

Das Aggressionslevel zwischen Welpen in einem Rudel nimmt zu, während sie heranwachsen, beson-

Praktischer Hinweis

Wenn Sie nach einem Hundewelpen Ausschau halten, so vergewissern Sie sich, daß Sie einen wählen, der in häuslicher Umgebung aufgewachsen ist. Er hat sich nämlich bereits viel besser an ein Leben mit Menschen und im Haus gewöhnt.

ders wenn das Futter knapp wird, so etwa in den Wintermonaten. Aggressivität ist nicht notwendigerweise eine Sache der Dominanz. In dieser Zeit der Not kann Kämpfen sehr eng mit dem Freßverhalten verknüpft sein. Und solange aggressive Zusammenstöße viel eher den Zweck haben, genügend Futter von einem Beutestück zu erhalten, nicht aber einen sozial höheren Rang im Rudel, gehen sie rasch vorüber.

Entstehen Konflikte in häuslicher Umgebung, haben sie üblicherweise mit Nahrung zu tun. Hunde sollten daher getrennt gefüttert werden, damit man das Risiko von tätlichen Auseinandersetzungen ausschalten kann.

Praktischer Hinweis

Versuchen Sie immer, so viel wie möglich über das Vorleben eines erwachsenen Hundes herauszufinden, falls Sie daran denken, sich ihn anzuschaffen; besonders dann, wenn es sich um ein Findeltier handelt. Seine früheren Besitzer könnten es wegen ernsten Verhaltensstörungen verstoßen haben. Es könnte aber auch erst anschließend aufgrund seiner Verwahrlosung schwierig geworden sein.

Wolfsjunge zeigen dieselbe spielerische Seite in ihrem Wesen wie Hundewelpen, doch im menschlichen Kontakt sind sie wesentlich mißtrauischer.

Warum gibt es Haushunde?

Die ersten domestizierten Wölfe waren sicher noch um einiges unberechenbarer als die heutigen Wolf-Hund-Mischlinge. Sie waren auch viel scheuer. Anfänglich bestand höchstwahrscheinlich nur eine sehr lose Verbindung zwischen ihnen und den Menschen, neben welchen sie lebten.

Ein paar verwaiste Wolfskinder mögen in einer menschlichen Siedlung aufgezogen worden und anschließend in deren Umgebung geblieben sein. Wahrscheinlich fingen sie an, sich an Jagdexpeditionen zu beteiligen, was im Verlauf der Zeit zur Routine wurde. Sicher wäre es jedoch nicht möglich gewesen, sie in ähnlicher Art abzurichten, wie dies mit den heutigen Hunden der Fall ist.

Praktischer Hinweis

Sie werden nur sehr wenige Überreste von prähistorischen Hunden in Museen finden. Unglücklicherweise haben nämlich die frühen Archäologen deren Gebeine ignoriert und sich statt dessen auf menschliche Funde konzentriert. Viele grundsätzlich wertvolle Informationen gingen deshalb wahrscheinlich verloren, bevor sich unter den Wissenschaftern eine aufgeklärtere Haltung einstellte.

Diese Wölfe haben sich wahrscheinlich vermehrt und sind als Familiengruppe in Siedlungsnähe geblieben. Nach und nach wurden sie zahmer und dementsprechend auch erziehbarer. Die Art und Weise, in welcher sie ihre Jagdfertigkeit anpaßten, um Seite an Seite mit den Menschen Beute zu schlagen, machte sie zu geschätzten Partnern.

Die Fähigkeit der Wölfe, Gefahren im Dunkeln zu erkennen und vor Bedrohungen zu warnen, war von ebenso großem Wert. Hatten die Menschen doch sowohl mit Angriffen durch benachbarte Sippen als auch durch ihnen gefährliche Tiere zu rechnen.

Fast sicher fand die Domestikation des Hundes nicht an einem bestimmten Ort zu einer bestimmten Zeit statt. Sie ist vielmehr das Resultat der weiten Verbreitung des Grauwolfes über die nördliche Hemisphäre. Zweifellos hat man sich immer wieder Wölfe durch die Geschichte hindurch gehalten, und nicht alle haben zur Entwicklung des Haushundes beigetragen.

Dies ist ein aus der Antike stammendes ägyptisches Porträt des Gottes Anubis, der von hundeartiger Gestalt ist (zweiter von links). Einige Fachleute nehmen an, daß diese Symbolik durch den Schakal inspiriert wurde. Archäologisches Beweismaterial läßt allerdings den Schluß zu, daß die Domestikation des Hundes in jenem Gebiet begonnen hat, das wir jetzt den Mittleren Osten nennen. Hier liegt auch die Wiege der auf Sicht jagenden Hunde, der Windhunde (z. B. Greyhound).

Hunde für den Gebrauch

Es gab einen entscheidenden Unterschied in diesen frühen Zeiten, denn Hunde hielt man sich nicht vorrangig als Begleiter. Tatsächlich hat man sie sehr oft verzehrt, wenn andere Nahrungsmittel knapp wurden. Die Verwendung des Haushundes als Nahrungsquelle hat während seiner ganzen weiteren Domestikation weiterbestanden, vorab im Orient. Den Chow Chow, zum Beispiel, hält man sich zu diesem Zweck in China seit Jahrhunderten.

Hunde hat man auch für eine Vielfalt anderer Aufgaben gebraucht, und immer wieder hat man sie den sich ändernden Bedürfnissen des Menschen angepaßt. Dies hat dazu beigetragen, ihre andauernde Popularität zu garantieren. Als zum Beispiel die Flinte in Europa zunehmend verwendet wurde, entwickelte sich ein neuer Hundetyp, um dieser Jagdart zu dienen. Anstatt wie die Bracken ein Meutetier zu sein, wurden diese Buschier- und Apportierhunde für ihre Fähigkeit geschätzt, fast instinktiv nahe an ihrem Führer im Feld zu arbeiten.

Diese römische Statue zeigt die Wölfin, welche die Waisen Romulus und Remus säugt. Die Sage erzählt, wie die Zwillinge die Stadt Rom gründeten und somit den Weg ebneten für die Entwicklung des Römischen Reiches. Die Wölfin rettete die beiden Kinder vom Ufer des Tiber, und ihren mütterlichen Instinkten folgend, trug sie diese auf den Palatin (einer der sieben Hügel Roms) und brachte sie dort in eine Höhle, wo sie schließlich von einem Hirten gefunden wurden.

Hunde als Begleiter

Die Haltung von Hunden als Begleiter anstatt zu Arbeitszwecken ist ein sehr junges Phänomen in ihrer Geschichte. Es stammt aus dem späten 19. Jahrhundert und entwickelte sich zum Teil aus dem Interesse, Hunde auszustellen. Als Pionier gilt Charles Cruft, der die weltberühmte Hundeausstellung ins Leben rief, die noch heute seinen Namen trägt. Das Interesse erwies sich als dermaßen ansteckend, daß 1884 der American Kennel Club gegründet wurde; und heute genießen beide Hundeausstellungen, die Westminster Show in New York und die Crufts (früher in London, heute in Birmingham) gewaltige Popularität.

Praktischer Hinweis

Gemälde, in Stein gehauene Arbeiten und andere Kunstgegenstände, welche frühe Haushunde porträtieren, helfen uns herauszufinden, woher bestimmte Rassen stammen. So gibt es etwa erkennbare Ähnlichkeiten zwischen einer Anzahl heutiger Bracken und deren aus der Antike stammenden ägyptischen Vorfahren.

Erscheinen des Haushundes

Den ersten klaren Beweis dafür, daß sich Haushunde im Erscheinungsbild voneinander unterscheiden, erhielt man aufgrund von Ausgrabungen im Gebiet von Beaverhead Mountain im US-Bundesstaat Idaho. Damals gab es einen kleinen beagleartigen Hund und einen deutlich größeren vom Typ des Retrievers. Ihre Überreste lassen sich etwa 9000 Jahre zurückdatieren, was beweist, daß eine klare Unterscheidung in der Größe von Hunden vom selben Ort wenigstens 3000 Jahre nach dem Anfang des Domestikationsprozesses begonnen hatte.

Eine Tendenz hin zu kleineren Schoßhunden fand in einem relativ frühen Stadium in der Geschichte des Hundes statt. Leider ist es sehr schwierig, einzig anhand des Skelettes einen wirklichen Eindruck vom Erscheinungsbild der damaligen Hunde zu schaffen, etwa, was wesentliche Merkmale wie Farbe oder Haarlänge betrifft.

Während man sich anhand seiner Schnauze eine klare Vorstellung von seiner Gesichtsform schaffen kann, bleibt das Aussehen der Ohren unbekannt, denn Ohrmuscheln bestehen aus Knorpel, nicht aus Knochen. Deshalb war die Entdeckung der mumifizierten Überreste von terriergroßen Hunden in Arizona bedeutungsvoll. Diese hatten ein langes, schwarz-weißes Fell, was zeigt, daß die vom Grauwolf abweichende Färbung auf diesem Entwicklungsstand bereits eingetreten war.

Erste Jagdhunde

Das Fundmaterial aus Ägypten zeigt uns, daß Jagdhunde in Europa schon früh entstanden sind. Phönizische Händler müssen es gewesen sein, welche sie auf ihren Schiffen an andere Orte rund ums Mittelmeer brachten. Dieses Erbe ist noch heute ersichtlich, und eine Anzahl ähnlicher Hunde, wie den Pharaonenhund von der Insel Malta, den Podenco Ibicenco (Ibizan Hound) aus Spanien oder den Sizilianischen Windhund, gibt es noch heute.

Diese drei Rassen sind von unfehlbar gleichartiger Erscheinung. Sie haben breite, steife und aufgerichtete Ohren und ein kurzes, glattes Fell. Ihre Grundfarbe ist Rot mit weißen Abzeichen, die typischerweise auf die Brustnähe beschränkt sind. Es wird ihnen oft eine frappante Ähnlichkeit mit dem altägyptischen Gott Anubis nachgesagt.

Man glaubt, sie seien vor etwa 5000 Jahren zum erstenmal von Ägypten aus in andere Länder gebracht worden, wo sie sich seither unabhängig weiterentwickelt haben. Sie sind athletische, wendige Jäger, befähigt, auf Sicht und nach Gehör zu jagen. Infolge der Tendenz, sie isoliert zu halten, haben sie so lange unverändert überlebt. Man hat nur wenig Einkreuzungen vorgenommen, die sowohl ihr Aussehen wie auch andere Rassenmerkmale kaum beeinflußt haben.

Praktischer Hinweis

Das Wesen der Hunde hat sich über Tausende von Jahren entwickelt. Von jenen, die ursprünglich für die Arbeit im Freien gezüchtet wurden, werden sich noch heute nicht alle im Hause wohl fühlen. Dazu gehören gewisse Hirtenhunde.

Der Podenco Ibicenco hat sich über Tausende von Jahren nur wenig verändert. Ägyptische Kunstwerke zeigen ähnliche Hunde.

Mastiff

Es kann schwierig sein, die Herkunft alter Rassen zu verfolgen, wogegen die Abstammung der Mastiff noch ziemlich klar festgelegt ist. Der Tibet-Dogge (engl. Tibetan Mastiff) ähnliche Hunde wurden recht früh nach Westen gebracht. Zu Beginn waren diese großen und kraftvollen Hunde aggressiv und wurden

daher vor allem als Wächter eingesetzt. In Europa waren sie geschätzt wegen ihrer Fähigkeit, die Herden gegen räuberische Wolfsrudel zu schützen. Solche waren in gewissen Gegenden bis ins 19. Jahrhundert zahlreich. Ihre ungezügelte Aggressivität wandelte sich mit der Zeit zu beschützender Loyalität, die für diese Rasse noch immer bezeichnend ist. Die Hunde sind freundlich gegenüber Haushaltsangehörigen; Fremden gegenüber verhalten sie sich unnahbar und mißtrauisch.

DER WOLF ALS VORLAGE

Die Vielfalt in Farbe und Größe, die bei den verschiedenen Wolfsrassen aufgrund ihres weiten Aktionsradius bestand, dient dazu, die Mannigfaltigkeit zwischen den verschiedenen Hunderassen zu erklären.
Wahlzucht hat Eigenschaften der wilden Vorfahren des Hundes über Generationen verstärkt und so Rassen mit besonderen Fähigkeiten geschaffen, wie z. B. Fährtenhunde.

Tibet-Dogge – eine mutige, kraftvolle Rasse.

Praktischer Hinweis

Lassen Sie sich nicht dazu überreden, sich eine Rasse anzuschaffen, nur weil sie in Mode ist. Fragen Sie sich, ob der Hund sich gut in Ihren bestimmten Lebensstil einfügen würde – andernfalls schaffen Sie sich mit großer Wahrscheinlichkeit Probleme für die Zukunft.

FRÜHE DOMESTIKATION
Der Hund im Verlauf der Geschichte

Auf Sicht jagende Hunde gab es in Großbritannien bereits zur Zeit der römischen Invasion. Doch wie sie dorthin gekommen waren, bleibt ein Geheimnis. Auch sie könnten von den Phöniziern gebracht worden sein. Sie waren anscheinend den heutigen Greyhounds ähnlich und zeigten die typische gelb-weiße Färbung, wie sie bei verschiedenen Bracken- und Windhundrassen noch immer üblich ist.

Praktischer Hinweis

Die Ahnentafel (der Stammbaum) eines Hundes macht es Ihnen möglich, dessen Abstammung zu verfolgen. Alle rein gezüchteten Hunde sollten nur mit Ahnentafel verkauft werden. Bewahren Sie dieses Dokument an einem sicheren Ort auf, insbesondere wenn Sie daran denken, ihren Hund auszustellen oder später einmal mit ihm zu züchten.

Hunde vom Schlage der Mastiff wurden als Kampfhunde in der Schlacht eingesetzt.

Bis vor relativ kurzer Zeit wurden Hunde in erster Linie zu Arbeitszwecken gehalten. Sie halfen, wie in diesem Bild, bei der Jagd oder wurden als Bewacher von Grundeigentum verwendet.

Die Römer

Die Römer schätzten eine Hunderasse, als Vertragus bezeichnet, so hoch ein, daß ein spezieller Beamter, betitelt als procurator cynegii, beauftragt war, solche Hunde zu erwerben und ihre Verfrachtung nach Rom zu organisieren. Sie glichen dem Greyhound und waren in der Lage, Hasen zu fangen, die offensichtlich auch ihre Hauptbeute darstellten.

Ein weiterer Hundetyp, der in Großbritannien bei der Ankunft der Römer bereits vorkam, war der Mastiff. Diese Hunde waren groß, mutig und wild und wurden deshalb oft zur Jagd auf Schwarzwild verwendet, welches eine ausgesprochen gefährliche Beute darstellte. Einige wurden in römische Amphitheater geschickt, um gegen Stiere zu kämpfen. Sie waren bekannt dafür, diese mit einem einzigen Sprung in den Nacken zu töten.

Mit der Ausbreitung der römischen Zivilisation nahm auch das Interesse an kleinen Hunden zu. Diese scheinen hauptsächlich Begleiter gewesen zu sein, doch waren sie freilich auch in der Lage, ihre Besitzer vor Eindringlingen oder Besuchern zu warnen. Mit einem Schultermaß von 23 cm entsprachen sie in der Größe den heutigen Zwerghunden.

Praktischer Hinweis

Gekreuzte Welpen resultieren aus der Verbindung zweier reinrassiger Individuen, die verschiedenen Rassen angehören. Konsequenterweise können sie Eigenschaften und Züge beider Elternteile aufweisen. Mischlinge dagegen sind Hunde, deren Eltern bereits nicht reinrassig waren.

Domestikation im Lauf der Geschichte: Zweckgebundene Hundezucht

Mit der Entwicklung verschiedener Jagdmethoden wurden Hunde in Zusammenarbeit mit Falken verwendet. Die Damen wurden von kleinen Schoßhunden unterhalten. Die letzteren waren eigentlich als Begleiter gedacht, konnten aber durchaus auch als Wächter dienen.

Die Verläßlichkeit der Hunde als Jagdhelfer führte zunehmend dahin, daß der Besitz von Jagdhunden durch strenge Gesetze geregelt wurde. Niemand außer der Aristokratie durfte sich solche halten.

Das Mittelalter

Das ganze Mittelalter hindurch hat man regelmäßig Hunde auf den Wolf angesetzt. Seine natürliche Schlauheit und größere Ausdauer halfen ihm oft, seinen domestizierten Verwandten zu entkommen.

Jene Zeit brachte auch den größten Hund hervor, der je existierte, den Irish Hound. Er war möglicherweise ein Vorfahr des Irish Wolfhound und wies eine Schulterhöhe von 1,2 m auf. Zeitgenössischen Berichten gemäß war er sandfarben. Als kraftvoller Riese war er sowohl für die Jagd wie zum Wachdienst geeignet. Allein sein Schädel maß in der Länge 43 cm, und mit seiner Körpergröße hätte er auch den mächtigsten Grauwolf in den Schatten gestellt.

Ein anderer, längst ausgestorbener Hund jenes Zeitraumes war der gefürchtete Alaunt. Er fand auf dem Schlachtfeld Verwendung – Heinrich VIII. etwa (1509-1547) führte 400 dieser Hunde mit sich auf seinem Kriegszug in Frankreich. Wegen ihrer Wildheit hatten sie allerdings von dem Moment an keine Überlebenschance mehr, als die Feuerwaffen sie in ihrem Zweck als veraltet erscheinen ließen.

Eine Rasse, welche seit Jahrhunderten überlebt hat und ebenfalls Heeresdienst leistete, ist der

Praktischer Hinweis

Hunde lernen gewisse Kunststücke wie etwa das Betteln fast instinktiv, vor allem, wenn man sie dauernd belohnt. Pudel zum Beispiel haben eine lange Geschichte als Zirkushunde, sind sie doch schon von Natur aus sehr verspielt.

Diese Gruppe schloß Hunde mit ein, welche als Zirkushunde Tricks ausführten oder tanzten, ebenso solche, die man «Spießdreher» nannte. Die letzteren waren kleine Hunde, abgerichtet darauf, über dem offenen Feuer bratende Fleischstücke in den Küchen vornehmer Häuser zu drehen.

Mastiff. Ein Mastiff war es, der den verwundeten Ritter Sir Piers Leigh 1415 auf dem Schlachtfeld von Agincourt bewachte.

Neue Typen von Hunden begannen sich im Zuge gesellschaftlicher Veränderungen im Mittelalter zu entwickeln. Vorläufer der heutigen Spaniels tauchten jetzt auf, die man zur Vogeljagd gebrauchte.

Diese Jagdszene zeigt deutlich zwei Typen von Jagdhunden: Erstens die schnellen, schmalnasigen und auf Sicht jagenden Hunde, die an die heutigen Greyhounds erinnern, und anderseits die breitnasigen Vorläufer der Bracken oder Laufhunde.

Einteilung von Hunderassen

Den erste Versuch, die Hunde in möglichst klar unterschiedene Typen einzuteilen, unternahm der englische Arzt Dr. John Caius 1570 in seinem berühmten Werk De Canibus Britannicis. Darin führte er zur Jagd verwendete Hunde auf, wie den Greyhound und den sogenannten «Limor», wahrscheinlich ein Vorläufer des Bloodhounds, der seine Beute mit Hilfe der Nase auf Spur oder Fährte verfolgte. Längst im Einsatz waren um diese Zeit auch Terrier und Harrier, welche oft ebenfalls als Jagdhelfer dienten. Spaniels und Setter dagegen kannte man damals erst seit kurzem.

Es ist interessant zu wissen, daß es schon in jener Zeit Bestrebungen gab, Hunderassen von einem Land in ein anderes zu bringen. Dr. Caius selbst beschrieb einen schwarz-weißen Spaniel, der von Frankreich nach Großbritannien kam. Caius hatte eine Abneigung gegen die Schoßhunde der Damen, – vergleichbar mit den heutigen Gesellschaftshunden – , die unter der Bezeichnung «Trostspender» bekannt waren. Diese kleinen Hunde hielt man sich ausschließlich als Begleiter.

Einige der interessanteren Hunde jener Zeit findet man unter jenen, die Caius als «entartet» bezeichnet. Offenbar ließen sie sich vom Typ her nicht einordnen, wurden aber für alle möglichen Zwecke gehalten.

Praktischer Hinweis

Heutzutage ist es viel einfacher als zu Caius' Zeit zu verhindern, daß Hündinnen trächtig werden. Um die Zahl der ungewollten Mischlinge nicht noch mehr anwachsen zu lassen, ist Kastration auf lange Sicht die einfachste Lösung.

Domestikation bis zum heutigen Tag

Vom späten 17. Jahrhundert an waren eine Anzahl kleinerer Rassen populär an den königlichen Höfen Europas.

Ein King Charles Spaniel – das Aussehen dieser Rasse hat sich verändert, seit sie im 17. Jahrhundert die Aufmerksamkeit König Karls II. auf sich zog.

King Charles Spaniel

König Karl II. von England (1660-1685) förderte diese Spanielrasse, die nach ihm benannt wurde, eigentlich aber aus Frankreich stammte. Zu jener Zeit hatten diese Hunde relativ lange Nasen, die aber bis in die zwanziger Jahre unseres Jahrhunderts viel kompakter wurden.

Ein amerikanischer Spanielenthusiast setzte darum ein hohes Preisgeld für Züchter aus, denen es gelingen sollte, den ursprünglichen Typ wieder hervorzubringen. Dies führte schließlich zur Entstehung zweier verschiedener Formen von King Charles Spaniels. Die erst kürzlich wiedergeschaffene mit

Praktischer Hinweis

Der Besuch von Hundeausstellungen kann ein guter Weg sein, um Züchter kennenzulernen und um herauszufinden, was zum Ausstellen alles gehört. Ausstellen ist vorab ein Hobby – selbst ein bedeutender Sieg bringt sehr wenig finanziellen Gewinn.

Wahlzucht bei den Foxhounds zur Steigerung ihrer Ausdauer wurde lange vor den ersten Hundeausstellungen praktiziert. Foxhounds können in der Fellzeichnung sehr verschieden sein.

längerer Nase und daher der ursprünglichen Rasse ähnlicher, bezeichnet man nun als Cavalier King Charles Spaniel, um sie vom Vetter mit flacherem Gesicht zu unterscheiden.

Foxhounds

Auch weitere Rassen änderten sich im 18. Jahrhundert, ganz besonders die Foxhounds, deren Geschichte einen Maßstab setzte für die nachfolgende Entwicklung anderer Rassen. Zu Beginn waren die Foxhounds langsam und häufig unfähig, mit dem Fuchs Schritt zu halten oder ihn gar einzuholen. So wuchs das Interesse, durch Zuchtwahl ihre Ausdauer und ihr Tempo zu verbessern.

Der eigentliche Verfechter dieser Idee war Hugo Meynell, der in Quornden Hall, Leicestershire/England residierte. Seine Bestrebungen führten schließlich zur Entstehung der berühmten Foxhound-Meute, welche man Quorn Pack nannte.

Die ersten Hundeausstellungen drehten sich ebenso um diese Rasse. Masters of Foxhounds brachten nämlich ihre Hunde häufig mit zu Anlässen während der Sommermonate, also außerhalb der Jagdsaison. Auch reichen genaue Aufzeichnungen über Abstammungen bei den Foxhounds weiter zurück als bei jeder anderen Rasse.

Die Entwicklung der modernen Hundeszene

Das zunehmende Interesse an Hunden in der viktorianischen Zeit führte in Großbritannien 1873 zur Gründung des Kennel Club, der ältesten Institution dieser Art auf der Welt. Er stellte sich die Aufgabe, die Entwicklung reinrassiger Hunde zu überwachen. Und da man eine rasche Verbreitung des Ausstellungswesens feststellen konnte, spielten Wahlzucht und das Aufzeichnen von Abstammungen eine immer bedeutendere Rolle.

Die moderne Hundeszene nahm ihren Anfang in den Pubs von London. Deren Besitzer unterstützten Hundeschauen zwecks Unterhaltung ihrer Gäste. Der erste nennenswerte Anlaß dieser Art war eine Schau für Terrierrassen. Sie wurde initiiert und organisiert von einem Hundefutterhändler namens Charles Crufts und fand 1886 statt. Er war inspiriert worden durch eine Ausstellung in Paris und genoß die Unterstützung reicher Aristokraten, die leidenschaftliche Hundeliebhaber waren.

Praktischer Hinweis

Die Crufts wird jetzt vom Kennel Club organisiert und zieht Besucher aus der ganzen Welt an.

Jeden Tag werden andere Gruppen gerichtet, und am letzten Tag kommt es zum großen Finale, zur Verleihung des «Best in Show».

Die moderne Ausstellungsszene entwickelte sich zu Ende des 19. Jahrhunderts. Für anerkannte Rassen gibt es Standards, und die Richter beurteilen die Hunde in Übereinstimmung mit diesen vorgeschriebenen Rassenmerkmalen.

Bis 1891 war Crufts zuversichtlich genug, um einen größeren Anlaß für Rassen aus der ganzen Welt lancieren zu können. Er war ein großer Showman, der den Wert der Werbung hoch einschätzte. Der Erfolg war ihm daher so gut wie sicher, als Königin Victoria, selbst eine große Hundeenthusiastin, ein paar ihrer Spitze für die Ausstellung meldete.

Crufts brachte die größte je an einem Ort versammelte Auswahl von Hunderassen zusammen, und das Publikum reagierte begeistert. Die Leute kamen nicht nur her, um die Rassen mit eigenen Augen zu sehen, sie wollten sie auch besitzen. Viele der heutigen Rassen, die längst große internationale Popularität erlangt haben, so etwa der Boxer, konnte man zum allerersten mal an Crufts' Ausstellung sehen.

Die enorme Entwicklung der Heimtierfutter-Industrie seit dem Zweiten Weltkrieg hat viel dazu beigetragen, die Haltung von Hunden zu vereinfachen und diese dadurch noch beliebter zu machen. Mehr und mehr Menschen schicken ihre Hunde an Ausstellungen oder nehmen auch selbst daran teil.

ANATOMIE
Skelett- und Schädelform

Die Skelette von Wolf und Hund sind sehr ähnlich, was die Bestandteile betrifft, hingegen lassen sich signifikante Unterschiede feststellen in der Schädelform und auch in der Länge gewisser Gliederknochen. Dies kommt im abweichenden Erscheinungsbild der Haushunde deutlich zum Ausdruck. Es überrascht daher überhaupt nicht, daß Hunde, die dem Grauwolf noch gleichen, eine fast gleiche Skelettstruktur haben wie er.

Durch Mutationen haben sich Gesichts- und Ohrenform zum wölfischen Vorfahr z.T. wesentlich verändert.

Schädel

Hundeschädel kann man in drei Hauptgruppen unterteilen. Jene Rassen mit relativ langen Nasenkammern, wie etwa die Windhunde, die vorwiegend auf Sicht jagen, haben Schädel, die jenem des Grauwolfes ähnlich sind. Man bezeichnet sie als «dolichozephal» (= langköpfig).

Die Schädelstruktur verändert sich im Fall der Bracken oder bei Rassen wie den Pointern. Sie haben breite Nasen, die das Erkennen bestimmter Gerüche erleichtern. Bei ihnen handelt es sich um sogenannte «mesozephale» Rassen (mesozephal = von mittelbreiter Kopfform).

Viele Kampfhunde weisen eine stark reduzierte Fanglänge auf, so daß ihr Kopf eine ziemlich runde Form erhält. Der kurze, viereckige Kiefer befähigt sie, viel kräftiger zuzubeißen und ihren Griff zu halten.

Diese Kieferverkürzung bei den sogenannten «brachizephalen» (= kurzköpfigen) Rassen schafft gewisse Probleme: Der Platz für die Zähne ist beschränkt, denn deren Zahl nimmt nicht dementsprechend ab. Im weiteren, speziell bei heißem Wetter, schafft die starke Verkleinerung der Nasenhöhlen für solche Hunde (etwa für Bulldoggen) ein wesentlich größeres Risiko für Hitzschläge. Vermeiden Sie es nach Möglichkeit, irgendeinen Hund in der Sonnenhitze zu trainieren, vor allem aber die eben erwähnten.

Schweißdrüsen sind bei Caniden nur zwischen den Zehen zu finden und dienen dem Setzen von Duftmarken. Hunde können deshalb ihre Körpertemperatur nicht durch Schwitzen regulieren und sich auf diese Weise abkühlen. Statt dessen hecheln sie, und auch durch die Nasenhöhle findet eine Wasserverdunstung statt. Letzteres ist natürlich bei brachizephalen Hunden nicht mehr möglich.

Praktischer Hinweis

Hunde verursachen beim Fressen eher eine Sudelei, wenn sie ihr Futter mit den Zähnen auseinanderreißen müssen. Es empfiehlt sich deshalb, die Nahrung in vernünftig kleinen Brocken zu verabreichen.

Die Zahnformel ist bei Wölfen und bei der Vielzahl von Haushunden überraschend konstant. Normalerweise haben sie 42 Zähne, die, mit Ausnahme der Molaren, paarweise angeordnet sind. Die Schneidezähne sind leicht gekrümmt, um dem Hund das Festhalten zu erleichtern, während die spitzen Fangzähne an den Ecken des Maules zum Überwältigen der Beute dienen können. Allerdings sind sie stumpfer als bei gewissen anderen Fleischfressern, etwa bei den Katzen. Hinter den Fangzähnen folgt eine Lücke, das Diastema, an welches sich die Prämolaren und die Molaren anschließen. Die Molaren sind nicht paarweise angelegt; zwei befinden sich auf jeder Seite des Oberkiefers und drei darunter auf jeder Seite des Unterkiefers. So kann der letzte Prämolar oben mit dem ersten Molar unten zusammenwirken, wodurch das Beutefleisch scherenartig durchtrennt wird. Die letzteren beiden Zähne werden auch Reißzähne genannt.

Hunde benutzen diese, wenn sie ihr Futter kauen, was sie demonstrieren, wenn sie den Kopf auf eine Seite nach unten halten. Sie ziehen es aber vor, ihre Nahrung eher wie Wölfe zu verschlingen, als sie in kleine Stücke zu zerbeißen. Dies widerspiegelt das Leben im Rudel: Tod oder Überleben wird oft einzig dadurch entschieden, ob man fähig ist, in kürzester Zeit so viel wie möglich zu verschlingen.

Bestimmte Rassen, wie etwa der Alaskan Malamute, haben eine starke Ähnlichkeit mit dem Wolf beibehalten, sowohl was den Gesichtsausdruck als auch die darunterliegende Schädelstruktur betrifft. Andere Rassen aus dem hohen Norden, wie der Siberian Husky, teilen die gleichen Merkmale.

Im Falle anderer Rassen kann sich die Schädelform, verglichen mit dem Wolf, verbreitern und leicht verkürzen. Die Vergrößerung der Nasenhöhlen hilft, die Geruchsfähigkeit des Hundes zu verbessern, was bei Hunden wie z. B. dem Pointer sehr gut erkennbar ist.

Gewisse Rassen zeigen, wie hier die Bulldogge, eine dramatischere Verkürzung des Schädels. Die Nasenhöhlen sind stark zusammengedrückt, so sehr, daß solche Rassen anfällig sind auf Hitzschlag. Denn Hunde kühlen sich ab, indem sie Feuchtigkeit aus ihren Nasenhöhlen abgeben.

Das Kupieren der Rute verändert das Aussehen eines Hundes ziemlich stark. Dieser chirurgische Eingriff wird schon kurz nach der Geburt ausgeführt. Den Pembrokeshire Welsh Corgi links hat man kupiert, dagegen hat man seinem Wurfgeschwister daneben die Rute in voller Länge belassen.

Wirbelsäule

Einer der Hauptgründe, weshalb Hunde nicht gut klettern, hat mit ihrer Wirbelsäule zu tun. Es fehlt ihr die Beweglichkeit, wie wir sie bei den Katzen kennen, und schränkt so die Bewegungen des Hundes ein. Dagegen können sowohl Wölfe wie Hunde bei guter Geschwindigkeit relativ weite Strecken zurücklegen.

Während der Wolf als eine Art Grobvorlage gesehen werden kann, hat sich bei der Entwicklung der Haushunde ein Trend zur Spezialisierung ergeben, der sich in einigen wenigen Fällen als kontraproduktiv erwiesen hat.

Der Schädel sitzt auf der Wirbelsäule mittels sieben Nackenwirbeln. Diese wiederum sind mit den 13 Brustwirbeln verbunden, welche den oberen Teil der Brustwand bilden. Die Rippen wölben sich von hier aus die Körperseiten hinunter. Die eigentliche Gestalt der Brust variiert etwas je nach Hunderasse. Bei jenen, die ausgesprochen aktiv sind und einen hohen Sauerstoffverbrauch haben, wie etwa der Barsoi, ist sie tief, um Raum zu geben für eine große Lungenkapazität und ein entsprechend leistungsfähiges Herz, welches das Blut im Körper herumpumpen muß.

Das Brustbein befindet sich vorne an der Brust und verläuft entlang der Unterseite des Körpers, wo es den Brustkasten stützt. Es ist jedoch nicht starr, denn sonst würde es der Brustwand an der notwendigen Flexibilität fehlen, um sich nach innen und außen zu bewegen, wenn der Hund atmet. Auch sind nicht sämtliche Rippen am Brustbein befestigt. Die letzten Paare, die sogenannten «schwimmenden Rippen», liegen unten frei und sind daher auch etwas kürzer.

Hinter der Brustwirbelsäule und über dem Unterleib sind die Lendenwirbel, welche in der Zahl zwischen sechs und acht variieren. Ihre typischen Merkmale sind breite, senkrecht aufstehende Verlängerungen auf der Oberseite, bekannt unter dem Namen Rückgrat. Dieses eignet sich für die Befestigung von Muskeln, welche für den Bewegungsapparat nötig sind. Gleichzeitig schränkt es die Beweglichkeit des Hundes ein, indem es dessen Fähigkeiten auf das Laufen und Springen konzentriert.

Weitere Stabilität ergibt sich weiter hinten, wo das Kreuzbein an den Hüften befestigt ist. Hier wird die Stoßkraft der muskulösen Oberschenkel optimal in Bewegung umgesetzt.

Praktischer Hinweis

Haben Sie es mit einem Hund zu tun, der mit seinen Bandscheiben Probleme hat, so schränken Sie auf alle Fälle seine Bewegung ein. Andernfalls sind seine Aussichten auf Erholung klein. Ermutigen Sie auch nie einen Dackel (der für solche Beschwerden prädisponiert ist), über Hindernisse zu springen oder ständig Treppen zu laufen.

Bandscheiben

Eingefügt zwischen den einzelnen Wirbeln sind die Bandscheiben, die sozusagen als Stoßdämpfer wirken. Eine Abnutzung dieser Scheiben im frühen Alter erfolgt besonders häufig beim Dackel, der einen relativ langen Rücken hat. Bricht eine Bandscheibe, so beeinflußt sie das Rückenmark und kann verschiedene Symptome, allenfalls sogar eine Lähmung hervorrufen. Dabei spielt es eine Rolle, wo der Bruch entsteht. Am häufigsten kommt er an der Verbindungsstelle von Brust- und Lendenwirbeln sowie in der Nackengegend vor.

Rute (Schwanz)

Sie befindet sich am Ende der Wirbelsäule und weist in bezug auf die Knochengestalt eine große Vielfalt auf. Man findet zwischen 14 und 23 Schwanzwirbel, welche gegen das Ende hin immer schmaler werden. Einige Haushunderassen sind von Natur aus stummelschwänzig. Doch bei den meisten Rassen, die einen kurzen Schwanz tragen, hat man diesen durch sogenanntes Kupieren gekürzt. Das bedeutet, daß ein längeres oder kürzeres Stück der Rute abgetrennt wurde, als der Hund noch sehr jung war.

Befürworter des Rutenkupierens argumentieren, daß dieses bei Arbeitshunden Rutenverletzungen verhindere. Jene, die dagegen sind, betonen, das Kupieren füge selbst einem sehr jungen Welpen Schmerzen zu, und im übrigen sei die Rute für den Hund ein überaus wichtiges Kommunikationsmittel. (Anmerkung des Übersetzers: Mittlerweile ist das Rutenkupieren in vielen Länder gesetzlich verboten, und es werden noch weitere folgen. Über Sinn und Unsinn solcher gesetzlicher Bestimmungen wird aber nach wie vor diskutiert.)

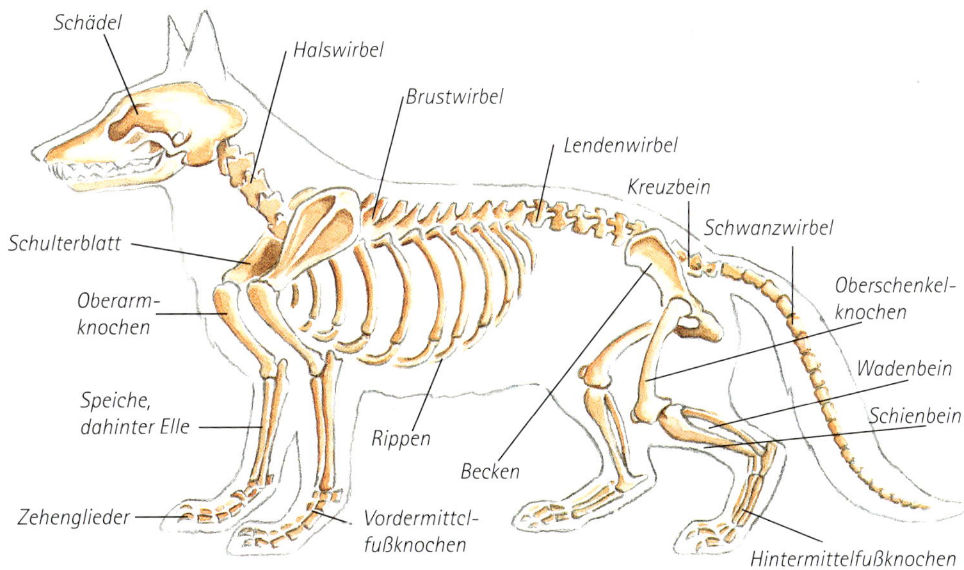

Das Skelett der meisten Hunde ist prinzipiell dasselbe, wobei geringfügige Abweichungen vorkommen und meist die Kopfform betreffen. Es unterscheidet sich nicht sehr von jenem des Grauwolfs. Man beachte, daß die Ohren nicht um Knochen herum aufgebaut sind, sondern aus Knorpel bestehen.

Auf Sicht jagende Hunde, wie diese Greyhounds, haben einen besonders athletischen Körperbau, sind sie doch die Sprinter, und nicht Langstreckenläufer in der Hundewelt.

Körperglieder

Der Wolf ist vorwiegend auf seine überlegene Geschwindigkeit angewiesen, um seine Beute zu überholen und zu töten. Verletzte Wölfe überleben in der Wildnis selten lange, vor allem, wenn sie mit ihrem Rudel nicht mehr mithalten können. Sie haben dann einen langsamen Hungertod vor sich. Es überrascht deshalb nicht, daß der Haushund die Fähigkeit zu rennen von seinem Vorfahr geerbt hat, und dieselben körperlichen Voraussetzungen mitbringt.

Vorderhand

Hunde haben kein funktionstüchtiges Schlüsselbein, denn dies würde einen Energieverlust bedeuten, da die Glieder nach der Seite gezogen würden. Indem sie jedoch straff an den Körper gebunden sind, bedeutet dies, daß die vorwärtstreibende Schwungkraft erhöht wird. Das Schlüsselbein ist zwar noch vorhanden, jedoch reduziert zu einem in der Muskelmasse vergrabenen dünnen Plättchen.

Ein typisches Merkmal des Wolfes und der meisten Caniden (= Hundeartigen) sind ihre langen Beine im Vergleich zum Körper. Dies erlaubt es ihnen, sich raumgreifend zu bewegen. Die flach liegenden Schulterblätter tragen noch zur Länge und somit zum langen Ausschreiten bei, denn sie sind straff am Körper befestigt.

Das Schulterblatt ist mit dem Oberarmknochen verbunden; weiter unten finden wir Speiche und Elle. Am unteren Ende bilden diese das Handgelenk, welches in den Mittelhandknochen übergeht. Letzterer gehört eigentlich eher zum Bein als zur Pfote und macht jenes um so länger.

Der Hund trägt sein ganzes Gewicht auf den Zehen, und man bezeichnet ihn deshalb als Zehengänger. Die Ballen auf der Unterseite der Zehen sind zäh und verhornt und können so alle Unebenheiten und rauhen Stellen auf dem Boden ausgleichen, wenn der Hund darüberrennt. Immerhin bluten Pfoten bei Schnittverletzungen stark. Solche werden meist durch Glasscherben verursacht.

Es gibt klarerweise noch andere Knochen im unteren Bereich der Vorderläufe, und auch diese sind straff von Bändern zusammengehalten, um jegliche seitliche Bewegung zu verhindern. Die einzige Ausnahme hier ist der Fuchs, der auch auf Bäume klettert. Steife Vorderläufe würden das Klettern

Praktischer Hinweis

Hüftgelenkdysplasie (HD) führt später oft zu Osteoarthritis (Gelenkentzündung). Dies kann eine Behandlung mit Schmerzmitteln notwendig machen. Heutzutage ist es auch möglich, in schweren Fällen Hüftgelenke operativ zu ersetzen.

Hunde mit guter Schrittlänge decken im vollen Lauf schon in einem einzigen Sprung viel mehr Boden als andere. Eine tiefe Brust garantiert gute Lungenkapazität.

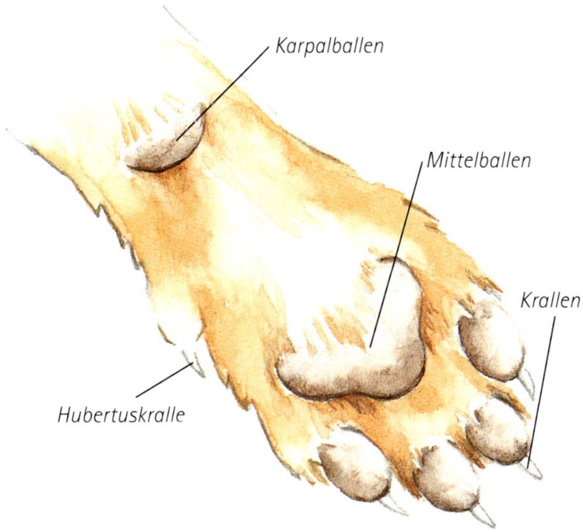

Eine Vorderpfote von unten gesehen. Der Karpalballen gibt dem Hund zusätzlichen Halt, vor allem in unwegsamem Gelände und auf glattem oder schlüpfrigem Boden. Die Ballen mögen rauh erscheinen, sind aber sehr gut durchblutet, was bei Verletzungen deutlich wird.

verunmöglichen. Größere Rotation der Knochen bedeutet, daß die Füchse in der Lage sind, sich leichter irgendwo festzuhalten und ihr Gleichgewicht so viel weniger schnell verlieren. Dadurch können sie Stürze und damit verbundene Verletzungen vermeiden.

Hinterhand

Der Oberschenkelknochen fügt sich in die Hüfte ein, die ein Kugelgelenk darstellt. Bei Haushunden, vor allem bei solchen über ca. 11 kg, kann eine entwicklungsmäßige Schwäche auftreten, in welcher die Gelenkpfanne zu flach ist. Die Gelenkkugel sitzt deshalb zu wenig fest in der Pfanne, und es zeigt sich somit das, was allgemein als Hüftgelenkdysplasie (HD) bekannt ist.

Am unteren Ende des Oberschenkelknochens findet sich das Kniegelenk, welches eher bei kleineren Rassen ein Problem darstellt. Dieses Gelenk ist ziemlich beweglich. Der Hund benötigt es, um Sprünge wirksam auszuführen, denn der hauptsächliche Schub dazu kommt aus der Hinterhand. Wenn die Kniescheibe verrutscht, sprechen wir von einer Kniescheiben- oder Patella-Luxation.

Schienbein und Wadenbein erstrecken sich hinunter zum Fußgelenk. Die Struktur des unteren Teils der Hinterhand ist jener der Vorderhand nicht unähnlich. Stabilität ist hier genauso wichtig.

Einige Rassen, wie z. B. die Basset Hounds, haben kurze Beine. Diese Art Jagdhunde entstand in Frankreich und wird von Jägern verwendet, die ihre Beute mit ihren Hundemeuten nicht zu Pferd, sondern zu Fuß verfolgen. «Basset» ist abgeleitet von französisch «bas» (= tief) und bezieht sich auf die Bodennähe der Hunde infolge der kurzen Läufe.

Die Verkürzung der Hinter- und Vorderhand ist bei den Basset Hounds ohne entsprechende Anpassung des restlichen Körpers geschehen. Die reduzierte Beinlänge bedeutet, daß das Springen für sie entsprechend schwierig ist und sie deshalb dazu nicht ermuntert werden sollten. Dasselbe gilt auch für Dackel (unten). Ihre Wirbelsäule ist ziemlich schwach, und sie sind deshalb anfällig für Bandscheibenprobleme.

Veränderungen infolge der Domestikation

Skelettprobleme sind bei Haushunden viel häufiger als bei Wölfen. In der Wildnis hindert der Druck der natürlichen Auslese Wölfe mit Erbfehlern daran, auf die gesamte Erbmasse bedeutenden Einfluß zu nehmen. Durch ihren Defekt erhalten sie unweigerlich einen niedrigen Sozialstatus und kommen deshalb kaum dazu, sich innerhalb des Rudels mit einem Partner zu paaren.

Solche Beschränkungen gibt es bei Haushunden nicht, und es ist nicht ungewöhnlich, mit relativ nah verwandten Tieren zu züchten, um erwünschte Rassemerkmale zu erhalten oder gar zu verstärken. Dabei besteht natürlich das Risiko, auch den Effekt schädlicher Gene zu fördern – was man bei Rassen wie z. B. dem Dackel sehen kann.

Die Länge der Läufe

Eine der auffälligsten Veränderungen beim Haushund, verglichen mit dem Wolf, ist das Auftauchen von Hunden mit dramatisch verkürzten Beinen. Man nennt sie häufig Bassets, denn das Wort «bas» ist französisch und heißt «tief». Ihre sämtlichen restlichen Körperteile sind proportional unverändert.

Die verschiedenen Dackel (auch «Teckel» oder «Dachshund») sind ebenfalls kurzläufig mit langem Körper, was bei ihnen funktionelle Bedeutung hat. Es befähigt sie, ohne Schwierigkeiten in Fuchs- und Dachsbauten einzuschliefen, um deren Bewohner für den Jäger aus ihrer Behausung zu sprengen. Solches wäre für einen Jagdhund mit normal langen Läufen kaum denkbar.

Krallen und Zehen

Es gibt bei Hund und Wolf auch Unterschiede in der Gestalt der Krallen. Genau wie bei der Reduktion der Lauflänge, die zwar für den wild lebenden Wolf sicher nachteilig wäre, dem Menschen aber nützlich sein kann, hat man auch hier unter Umständen aus demselben Grund Veränderungen züchterisch unterstützt.

Bei allen Hunden sind allerdings, im Gegensatz zu den Katzen, die Krallen nicht einziehbar. Sie sind breit und stumpf und dienen dazu, den Pfoten Halt zu geben, damit der Hund beim Laufen nicht ausrutscht.

Praktischer Hinweis

Afterklauen, sofern vorhanden, und Hubertuskrallen müssen regelmäßig zurückgeschnitten werden. Da sie beim Gehen nicht abgewetzt werden, haben sie scharfe Spitzen und wachsen zudem immerzu. Sie können sich dabei krümmen und in den Ballen hineinwachsen, was für den Hund sehr schmerzvoll werden kann.

Obwohl Hunde fünf Zehen haben, berührt die innerste, die mit dem Daumen des Menschen vergleichbare Afterklaue, den Boden nie. Der Hund kann sie allenfalls dazu benutzen, eine Beute besser auf den Boden zu drücken.

Eine Erhöhung der Zehenzahl – bekannt als Polydaktylismus – ist ein bemerkenswertes Kennzeichen des Norwegischen Lundehundes, der an jeder Pfote sechs Krallen und erst noch zusätzliche Afterkrallen haben kann. Dies half diesen Hunden, leichter in den nackten und steilen Klippen ihrer norwegischen Heimat herumzuklettern, um nach Lunden (= Papageientaucher) zu jagen und diese ihrem Herrn lebend zuzutragen.

Wildhunden fehlt die fünfte Kralle, die sogenannte Afterkralle, an den Hinterläufen bei Haushunden aber ist sie eine häufige Erscheinung. Der Briard etwa hat sogar doppelte Afterkrallen, welche als für die Rasse charakteristisch betrachtet werden. Aus diesem Grund dürfen sie nicht entfernt werden; bei anderen Rassen jedoch werden sie oft im frühesten Alter abgetrennt. Andernfalls könnte der Hund später mit ihnen hängenbleiben und sie abreißen.

Praktischer Hinweis

Kurzläufige Hunde sind keine geschickten Schwimmer. Man halte sie daher besser fern von tiefen Gewässern, wo sie in ernste Schwierigkeiten geraten könnten, sollten sie hineinfallen oder gar hineinspringen.

Der norwegische Lundehund ist insofern ungewöhnlich, als er oft mehr Zehen hat als andere Rassen und zusätzliche Afterklauen, welche ihm helfen, in unwegsamem Gelände besser Tritt zu fassen.

FELLVARIANTEN
Entwicklung von Farben und Beschaffenheit

Alle Farben, die wir bei Haushunden sehen, findet man bis zu einem gewissen Grad auch im Pelz der Wölfe. Wahlzucht hat bei den Hunden zu Rassen geführt, die charakterisiert sind durch eine einheitliche oder reine Farbe. Die Farbpalette reicht von Weiß über verschiedenste Abstufungen von Rot zu Braun und Schwarz. Die sogenannten blauen Farben resultieren aus der engen Vermischung schwarzen und weißen Haares.

Gleichmäßige Färbung kann gebrochen sein durch kleine Stellen von Weiß auf dem Körper sonst dunkel gefärbter Hunde, vorwiegend auf der Brust, doch kommen auch weiße Flecken an anderen Körperstellen vor, besonders bei den brackenartigen Rassen. Auch Wölfe können anhand ihrer Färbung aus der Distanz erkannt werden; einheitliche Farbe ist allerdings bei ihnen sehr ungewöhnlich. Der Weiße Neufundlandwolf (Canis lupus beothucus), der, wie sein Name sagt, tatsächlich weiß war (obwohl in Wirklichkeit eine Unterart des Grauwolfes) stellte die bemerkenswerte Ausnahme dar. Er wurde bis zu seiner Ausrottung im Jahr 1911 bejagt.

Die natürliche Färbung des Wolfes ist in großem Ausmaß beeinflußt durch seinen Lebensraum, in welchem sie ihm unter anderem als Tarnung dient. Der in der Tundra lebende Grauwolf (C. l. albus), zum Beispiel, hat ein viel fahleres Fell als der typische Grauwolf, der durch die weiträumigen Wälder Europas zu streifen pflegte. Dort half eine dunklere Farbe den Wölfen, sich mit den Schatten der Bäume zu vermischen. In Wüstengegenden wiederum trifft man Wölfe mit sandfarbenem Fell. Der Grauwolf erscheint also trotz seines Namens in einer Vielzahl von Farbvarianten.

Bei fortschreitender Domestikation ist beim Hund in vielen Fällen das Fell länger geworden. Dies wäre für einen wild lebenden Wolf ein Handikap, würde doch das Haar verfilzen und verschmutzen. Denken wir daran, daß langhaarige Rassen, so z. B. die Afghanen,

Die Färbung mancher Bracken ist ausgeprägt; meist sind sie entweder dreifarbig, wie bei obigem Hund, oder zweifarbig. Die Zeichnungen sind so unterschiedlich, daß man die einzelnen Hunde einer Meute mühelos unterscheiden kann.

GETÜPFELT (English Setter)

SCHWARZ MIT LOH (Hamiltonstövare)

BLAU (Basset bleu de Gascogne)

GESTROMT (Greyhound)

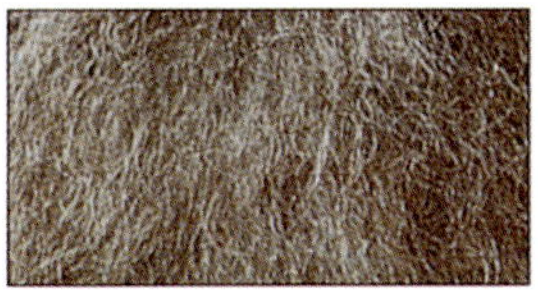
GRAU (Old English Sheepdog)

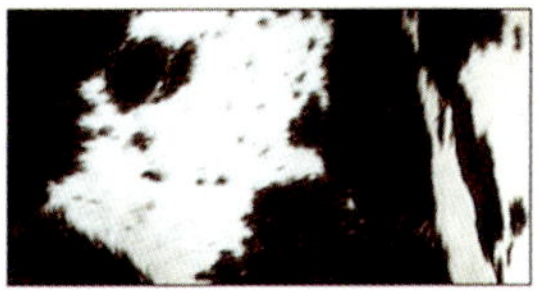
GETIGERT (Deutsche Dogge)

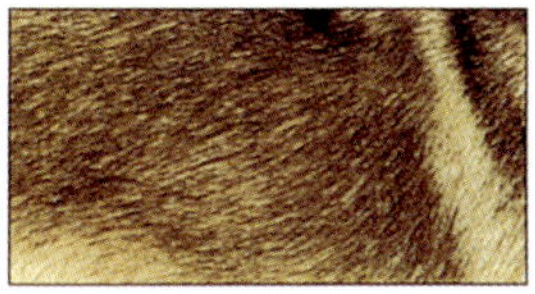
MEHRFARBIG (Westgotenspitz)

GESCHECKT/GETUPFT (Dalmatiner)

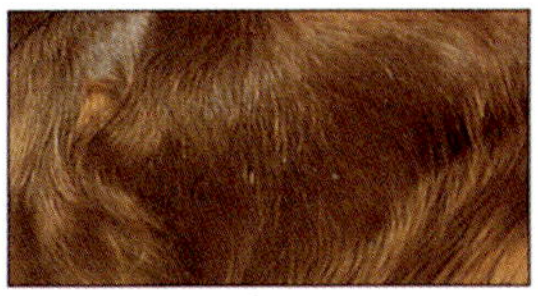
ROT (Irish Setter)

GESTICHELT (Welsh Corgi)

DREIFARBIG/TRIKOLOR (Beagle)

WEIZENFARBIG (Soft-coated Wheaten Terrier)

Gelb-weißer Beagle

täglich eine beachtliche Fellpflege brauchen, um sie in sauberem Zustand zu halten.

Bracken, wie der Beagle oder der Foxhound, haben ein kurzes Fell. Dies hat wenigstens teilweise damit zu tun, daß sie in dicht bewachsenem Gelände jagen, wo langes Haar wie das des Afghans sehr hinderlich wäre. Diese beiden kurzhaarigen Laufhunde nordeuropäischer Herkunft sind meist dreifarbig (trikolor), d. h. schwarz, weiß und loh – manchmal sind sie auch nur zweifarbig, nämlich gelb-weiß (wobei das Gelb von hell bis dunkel je nach Rasse variieren kann).

DICKER WOLFSPELZ

Der Pelz schützt den Wolf auch vor klimatischen Extremen. Er besteht aus zwei Schichten, aus dem längeren und rauhen Deckhaar und der dichten, isolierenden Unterwolle. Am ganzen Körper ist er von regelmäßiger Länge, der Schwanz mit eingeschlossen, wobei das wasserabstoßende Deckhaar vom Körper absteht. Die Färbung kann beim Grauwolf variieren, wie die zwei Exemplare unten zeigen.

Ungewöhnliche Felle

Es gibt Hunde mit absolut unverwechselbarer Erscheinung ganz einfach deshalb, weil sie sozusagen gar kein Fell haben.

«Haarlose Hunde»

Eine Mutation hat sogenannte «haarlose» Hunde hervorgebracht. Zwar sind noch immer einige ihrer Körperstellen behaart, namentlich der Kopf. Der Ursprung dieser Rassen liegt im dunkeln, doch sind sie wahrscheinlich recht früh während des Domestikationsprozesses in Erscheinung getreten. Der chinesische Schopfhund ist der bekannteste unter ihnen, aber es gibt auch mexikanische und peruanische Nackthunde. Die Hautfarbe der nackten Tiere deutet noch immer klar auf ihre frühere Fellfärbung hin, wobei die rosafarbenen Hautstellen auf ursprünglich weiße Haarfarbe hinweisen.

Typischerweise kommen in Würfen sowohl nackte wie auch normalbehaarte Welpen vor, wobei man letztere als «powder-puffs» bezeichnet (deutsch eig. = «Puderquaste»). Nackthunde sind eine gute Wahl für Hundebesitzer, die zu Tierhaar-Allergie neigen, wenngleich natürlich ihre Haltung und Pflege etwas abweichen von jener anderer Hunde.

Oben: Das Haar ist beschränkt auf die Extremitäten im Falle der Nacktform des Chinesischen Nackthundes. Das Pigmentierungsmuster auf der Haut ist von Tier zu Tier verschieden.

Oben: Dies ist die Powderpuff-Variante des Chinesischen Schopfhundes. Dieser ist einer der sogenannten Nackthunde.

Erstens sind sie aufgrund des fehlenden Felles empfindlich auf Kälte. Die Haarlosigkeit kann aber noch einen Effekt haben, der auf den ersten Blick nicht erkennbar ist, bei strahlend schönem Wetter nämlich. Haarlose Rassen sind der Gefahr von Sonnenbrand ausgesetzt, weil ihre Haut komplett ungeschützt ist, ganz besonders dort, wo diese rosafarben ist. Es sind unbedingt Sonnenschutzmittel zu verwenden; und wenn die Sonne am höchsten steht, haben die Hunde im Haus zu bleiben.

Praktischer Hinweis

Nackthunde mit rosafarbener Haut sind viel eher gefährdet, Sonnenbrand zu bekommen, als jene mit dunkler Haut. Den bleichen Stellen fehlt das schützende Pigment Melanin.

Drahthaarige/rauhhaarige Hunde

Eine weitere Fellvariante, die sich bei den Haushunden entwickelt hat, ist die draht- oder rauhhaarige. Man findet sie bei einer ganzen Anzahl von Rassen, angefangen beim Dackel und verschiedenen Terrierrassen bis hin zu größeren Hunden wie etwa dem Deutschen Drahthaarigen Vorstehhund. Das Fell dieser Hunde ist rauh und drahtig, wie es der Name ausdrückt, und gibt ihnen guten Schutz im dichten Unterholz, da es für Dornen und andere scharfen Gegenstände ziemlich undurchdringbar ist.

Draht-/Rauhhaar liegt nicht glatt auf der Haut, und es wird auch nicht wie anderes Haar von selbst gewechselt. Dies bedeutet, daß das tote Haar mindestens zweimal pro Jahr gezupft werden muß. Zusätzliches Trimmen ist oft notwendig vor einer Ausstellung. Noch häufigere Fellpflege wird dann notwendig, wenn das Haar geschnitten, anstatt in traditioneller, aber zeitraubender Weise von Hand gezupft wird.

Haarwechsel

Nicht alle Hunde haben einen natürlichen Haarwechsel – die Pudel sind dafür ein typisches Beispiel. Das kann zwar angenehm sein, weil das Haus frei von Hundehaar bleibt, statt dessen muß aber das Fell so alle sechs Wochen geschoren werden. Dies bedeutet eine zusätzliche finanzielle Belastung, es sei denn, Sie trauen sich zu, diese Arbeit selbst auszuführen.

Andere Rassen stoßen Haar oft das ganze Jahr hindurch ab, obwohl die Haupthaarungszeiten Frühjahr und Herbst sind. Im Frühjahr fällt das dichte Winterhaar aus, was bei den nordischen Rassen besonders gut sichtbar ist, um durch leichteres Sommerhaar ersetzt zu werden. Und im Herbst fällt dieses aus, um erneut dem Winterhaar Platz zu machen.

Praktischer Hinweis

Es sind nicht etwa nur die haarlosen Rassen, die gegen Wettereinflüsse geschützt werden müssen. Eine ganze Anzahl Hunde mit dünnem Fell, wie z. B. die Whippets oder die italienischen Windspiele, sollten im Winter gegen die Kälte einen Mantel tragen. Hundemäntel werden nach Länge verkauft. Messen Sie also den Rücken ihres Vierbeiners, um die richtige Größe zu kaufen. Noch besser, Sie nehmen den Hund gleich zum Kauf mit!

Draht- oder rauhhaarige Varianten haben sich bei einigen Rassen entwickelt, so auch beim Dackel. Diese Veränderung in der Fellbeschaffenheit gibt besseren Schutz im dichten Unterholz.

EVOLUTION
Rassen und Wahlzucht

Veränderungen im Erscheinungsbild des Haushundes sind infolge verschiedener Mutationen entstanden. Diese betrafen vor allem Haarlänge, Gesichtsform und ähnliche Merkmale. Genetiker glauben, daß nur etwa 20 oder sogar noch weniger solcher primärer Änderungen verantwortlich sein könnten für die große Vielfalt, die nun bei den heute existierenden Hunderassen herrscht.

Wahlzucht hat auch später weiterhin eine Rolle gespielt. Man stelle sich einmal vor, daß man beim Haushund wenigstens 5000 Generationen seit Beginn der Domestikation zählen kann. Dies hat es ermöglicht, wünschenswerte Merkmale zu entwickeln und zu fördern. Die Hunde entfalteten unterschiedliche Typen lange vor Beginn der Hundeausstellungen, doch haben diese am meisten dazu beigetragen, daß die Hunde heutzutage in standardisierte Rassen unterteilt sind.

Eine Varietät des Belgischen Schäfers, bekannt als Tervuren, so benannt nach der Region Belgiens, wo er sich entwickelte.

Festlegung einer Rasse

Jede Rasse ist in ihrem Standard umschrieben und festgelegt. Dieser bestimmt den idealen «Typ», gewissermaßen das Wunschbild einer Rasse. Das hat den Zweck, die Hunde im Schauring nicht gegeneinander, sondern in bezug auf ihren Rassestandard zu richten. Gewinnen soll der Hund, der dem Ideal am nächsten kommt.

Nicht alle Rassen sind jedoch an Ausstellungen zugelassen, meist weil sie entweder im betreffenden Land sehr selten sind oder noch keinen offiziell anerkannten Standard erhalten haben.

Die Zahl der Rassen, die heutzutage neu geschaffen werden, ist relativ klein. Eine der jüngsten Schöpfungen ist der Kyi Leo, der trotz seines Namens nordamerikanischer Herkunft ist und in Kalifornien herausgezüchtet wurde. Man schuf ihn aus Kreuzungen von Malteser und Lhasa Apso als Begleithunderasse, die sich zum Leben im Haus eignet.

Zurzeit existieren auf der Welt zwischen 350 und 400 Haushunderassen. Gelegentlich kommen neue dazu; andere sterben aus, wie der Tahltanische Bärenhund, der von den Tahltan-Indianern in Nordamerika gezüchtet wurde.

Popularität gewisser Rassen

Es hat etwas Geheimnisvolles an sich, weshalb bestimmte Rassen eine große internationale Anhängerschaft finden, andere dagegen über eine bestimmte Region hinaus kaum bekannt werden. Die

Praktischer Hinweis

Lassen Sie sich nicht allzusehr durch Modeströmungen beeinflussen, wenn Sie sich eine Rasse auswählen. Es kann unter Umständen nämlich schwieriger sein, gut gezüchtete Hunde von Moderassen zu finden. Dies aus dem einfachen Grund, weil skrupellose Züchter versucht sein mögen, so viele Welpen wie möglich zu produzieren. Dabei geht es in erster Linie darum, die gestiegene Nachfrage zu decken. Die Qualität der Welpen spielt nur eine sehr untergeordnete Rolle.

Schäferhunde Europas sind ein gutes Beispiel dafür. Man nimmt an, daß sie alle gemeinsame Vorfahren haben; doch während der Deutsche Schäferhund eine der bekanntesten Hunderassen überhaupt ist, ist die Gruppe der Belgischen Schäfer viel weniger verbreitet. Und der Holländische Schäfer ist jenseits der Grenzen seines Heimatlandes so gut wie unbekannt.

Die Mode spielt unverkennbar und in zunehmender Weise eine Rolle für die Popularität verschiedener Rassen. Der Filmhund «Lassie», zum Beispiel, ließ die Zahl der Liebhaber langhaariger Collies gewaltig ansteigen, und vor kurzem führte der Film «101 Dalmatiner» zu einem beträchtlichen Aufschwung dieser Rasse.

Varianten in der Fellänge hatten für Hundezüchter immer einen besonderen Reiz: Kurzhaariger Collie (oben) und Langhaariger Collie (unten). Solche Unterschiede finden sich auch beim Grauwolf.

ERHALTUNG SELTENER RASSEN

Man stellt eine wachsende Bereitschaft unter Hundeliebhabern fest, seltenere Rassen zu erhalten. Eine der diesbezüglichen großen Erfolgsstories der letzten Jahre betrifft den chinesischen Shar Pei. Die Notlage dieser alten Rasse wurde amerikanischen Züchtern bekanntgemacht durch die Beiträge von Matgo Law in der Hundepresse. Zuchttiere wurden daraufhin in den späten Siebzigerjahren in die Vereinigten Staaten gebracht und erreichten Großbritannien 1981. Seither hat sich die Rasse auch außerhalb ihrer südchinesischen Heimat festgesetzt, und ihre Zukunft ist nun gesichert.

Mögliche Schwächen

Haushunde weisen in Erscheinungsbild und Größe eine weit reichere Vielfalt auf als Katzen. Dies widerspiegelt wenigstens teilweise die Tatsache, daß schon der Grauwolf von Natur aus je nach Lebensraum eine sehr unterschiedliche Körpergröße haben kann. Diese Eigenheit hat der Haushund übernommen, wobei sie durch gezielte Zucht zusätzlich gefördert wurde.

Beim Pudel wurden immer kleinere Züchtungen hervorgebracht, was schlußendlich zum Zwergpudel führte. Gesundheitsprobleme beginnen sich einzustellen, wenn die Hunde allzu klein werden. Viele Zwergrassen kennen das Risiko der Patella-Luxation (siehe Seite 31).

Wahlzucht hat auch dazu geführt, daß es für eine ganze Anzahl heutiger Hunderassen schwierig wäre, ein Leben in freier Wildbahn zu führen.

Kleinerzüchtung hat bei gewissen Rassen, wie im Falle des Zwergpudels, die Anfälligkeit auf rassenspezifische Krankheiten verstärkt. Generell aber haben kleine Hunde eine höhere Lebenserwartung als ihre größeren Verwandten.

Der Siberian Husky hat eine Ähnlichkeit zum Grauwolf behalten, teilweise, weil er nicht demselben Selektionsdruck ausgesetzt war wie Rassen aus anderen Teilen der Welt.

Interessanterweise werden jene Haushunde, die dem Grauwolf nach wie vor stark gleichen, noch immer in erster Linie zur Arbeit in nördlichen Gebieten verwendet. Zu ihnen gehört etwa der Siberian Husky.

Schlittenhunde haben eine weitere Eigenheit mit ihren wölfischen Vorfahren gemeinsam: Sie werden in Gruppen gehalten, und so haben sich ursprüngliche Verhaltensmuster nur unwesentlich verändert. In mancher Hinsicht leben sie wohl ganz ähnlich, wie dies die frühen Wolf-Hunde getan haben mögen. Selbst ihre Färbung gleicht in manchen Fällen sehr deutlich jener eines Wolfes.

Dennoch können auch Hunde dieser Gruppe an verschiedenen genetisch bedingten und angeborenen Erkrankungen leiden. So ist bei den Siberian Huskies die von Willebrand-Krankheit bekannt, eine gesundheitliche Störung, welche die Blutgerinnung beeinträchtigt. Blutung infolge einer Verletzung oder selbst bei Läufigkeit kann sowohl ungewöhnlich stark sein und übermäßig lange andauern.

Eine Vielzahl von Gesundheitsproblemen ist bekannt, und man weiß auch bis zu einem gewissen Grad, für welche Krankheit oder Krankheiten bestimmte Rassen besonders anfällig sind. Glücklicherweise treten sie relativ selten auf, dann aber können die Auswirkungen unter Umständen ernst sein. Züchtern mag zwar die Anfälligkeit für bestimmte Beschwerden ihrer Rasse bekannt sein, doch erweist es sich im allgemeinen als schwierig herauszufinden, welche Blutlinien die befallenen Gene auch wirklich in sich tragen. Wenn ein Welpe mit einem erblichen Defekt geboren wird, ist es sehr gut möglich, daß die Gene, welche dafür verantwortlich sind, längst weit verbreitet worden sind und mit großer Wahrscheinlichkeit für weitere Krankheitsfälle sorgen.

Untersuchungsprogramme für ganze Zuchtbestände werden wo immer möglich eingerichtet, um die Wahrscheinlichkeit zu verringern, daß krankhaft veränderte Gene von einer Generation auf die nächste übertragen werden. Resultate liegen bereits vor im Zusammenhang mit Hüft-gelenkdysplasie und Progressiver Retina-Atrophie (eine Erkrankung, welche die Zellen der Retina befällt) und haben zu einem bemerkenswerten Rückgang dieser weitverbreiteten Übel geführt.

Oft wird behauptet, Mischlinge seien gesünder als reinrassige Hunde, was nicht notwendigerweise wahr ist. Jeder Canide – wild lebend oder domestiziert – ist den weit verbreiteten Infektionskrankheiten, wie z. B. Staupe, gleichermaßen ausgeliefert, sofern er dagegen nicht geimpft ist. Dagegen sind erblich bedingte Gesundheitsstörungen bei Mischlingen bei weitem seltener als bei Rassehunden.

Praktischer Hinweis

Welche Größe ein Mischlingswelpe erreichen wird, wenn er erwachsen ist, läßt sich abschätzen, indem man sich seine Pfoten anschaut. Erscheinen sie als groß, deutet dies darauf hin, daß er zu einem relativ stattlichen Hund heranwachsen wird.

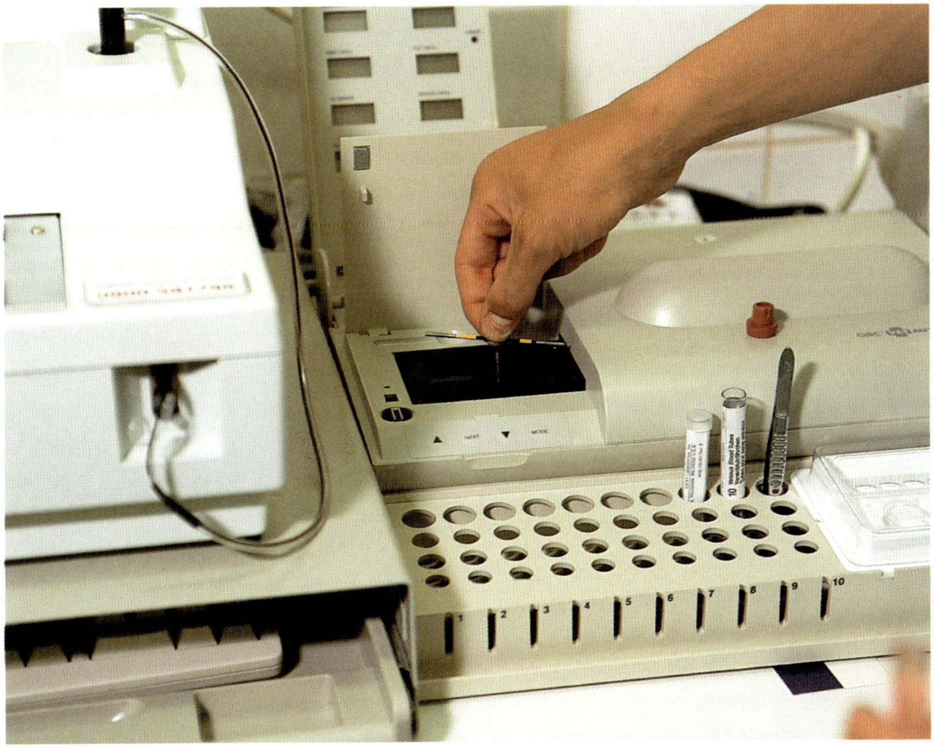

Es gibt verschiedene Möglichkeiten, Hunde auf potentielle Rasseschwächen hin zu untersuchen, je nachdem, um welche Art Beschwerden es sich handelt. Knochenschwächen können durch Röntgenuntersuche sichtbar gemacht werden, wogegen bei Stoffwechselproblemen verschiedene Labortests zur Verfügung stehen.

Praktischer Hinweis

Wenn Sie einen eher ruhigen Hund suchen, wäre der Basenji eine gute Wahl. Man nennt ihn gelegentlich den stummen Hund, obwohl er dies in Wirklichkeit nicht ist. Manchmal äußert er seltsame Laute, die an ein Jodeln oder Glucksen mahnen.

HYBRIDEN
Von Volksmärchen zur Wissenschaft

Nur wenige Tiere können den Menschen soviel Schreck einflößen wie der Grauwolf. Die Wolfsangst wurde ins menschliche Bewußtsein eingebrannt über Generationen hinweg und noch verstärkt durch Kindermärchen wie «Rotkäppchen». Jetzt aber, nachdem der Wolf weitgehend aus seinem früheren Lebensraum verdrängt worden ist, gibt es Anzeichen dafür, daß sich die Situation endlich ändert, besonders in Nordamerika.

Es ist die Unberechenbarkeit der Grauwölfe, die sie gefährlich machen kann. Besonders wenn man sie in die Enge treibt, greifen sie meist an. Mit Tollwut infizierte Wölfe sind eine ganz spezielle Gefahr.

Die Wahrheit ist, daß Angriffe von Wölfen auf Menschen immer ausgesprochen ungewöhnlich waren, selbst als die Wolfszahl noch weit höher lag als heute. Teilweise von Schuldgefühlen geplagt wegen der Art und Weise, wie Wölfe gefangen und getötet wurden, und dies oft grundlos, haben manche Menschen ihre Beziehung zum Wolf neu zu überdenken begonnen.

Bereits hat man Wölfe wieder in Gebieten eingesetzt, wo sie vorher ausgerottet waren, und «Wolfwatching» ist zu einer populären Freizeitbeschäftigung geworden, insbesondere in gewissen Regionen Nordamerikas. Unglücklicherweise hat diese neue Verbindung zum Wolf auch weniger wünschenswerte Konsequenzen.

Praktischer Hinweis

Lassen Sie sich nie in Versuchung führen, einen Wolf-Hund-Welpen in Betracht zu ziehen, gleichgültig, wie süß er aussehen mag. Solche Hybriden werden zu einer gefährlichen Belastung, und es könnte sehr gut möglich sein, daß Sie dereinst vor Gericht landen. Dann nämlich, wenn Ihr Wolf-Hund jemanden verletzt oder gar tötet.

Hybriden

Die genetische Verbindung von Grauwolf und Haushund besteht nach wie vor, so daß sie sich erfolgreich paaren und hybriden Nachwuchs haben können. Dies ist bereits geschehen in gewissen alten europäischen Lebensräumen von Wölfen, wo heute gerade noch eine Handvoll Tiere überlebt hat. Diese paarten sich mit Haushunden, gewöhnlich mit solchen, die auf Abfalldeponien und ähnlichen Anlagen umherstreunten, wo sich auch Wölfe gerne zur Futtersuche aufhalten.

Es gab Züchter, die bewußt danach strebten, Hybriden zu züchten, indem sie gefangene Wölfe mit Hunderassen paarten, typischerweise mit nordischen wie etwa dem Alaskan Malamute, die dem Wolf am ehesten gleichen, jedoch ein viel stabileres Wesen haben. Solche Wolf-Hund-Kreuzungen sind in den Vereinigten Staaten ziemlich populär geworden, besonders innerhalb der letzten zehn Jahre. Man

Dieser Grauwolf ist vier Monate alt und gleicht einem Hundewelpen. Hunde sind leicht zu erziehen, doch Wölfe bleiben eigensinnig, selbst wenn man sie vom frühesten Alter an zu trainieren versucht. Sie sind auch sehr nervös, vor allem wenn man sie alleine, anstatt mit anderen Wölfen zusammen hält.

schätzt die Zahl der zur Zeit gehaltenen Tiere auf mindestens 500'000.

Während der Wolf aber eine naturgegebene Vorsicht gegenüber Menschen walten läßt, neigen diese Hybriden dazu, eine solche Reserviertheit nicht zu kennen. Konsequenterweise sind sie viel eher dazu bereit anzugreifen, vor allem, wenn sie ausgewachsen sind. Noch schwerwiegendere Probleme mit der Aggression solcher Hybriden können dann entstehen, wenn man zu ihrer Züchtung Haushunde verwendet, die vorab zu Schutzdienstzwecken geschaffen wurden (z. B. Rottweiler). Viele US-Staaten haben Wolf-Hund-Kreuzungen verboten, sind diese doch schon für den Tod einer ganzen Anzahl Menschen verantwortlich.

Hybriden können auch hervorgehen aus der Paarung von Haushunden mit anderen Hundeartigen, sind aber sehr selten. Sie kommen am ehesten in Gegenden vor, wo es sehr viele streunende Hunde gibt. Kreuzung von Hunden mit Füchsen dagegen ist nicht möglich, da sie einander zu wenig nah verwandt sind.

COYDOGS (KOJOTENHUNDE)

Kojotenrüden paaren sich ganz gerne mit Hündinnen, und den Nachwuchs nennt man dann oft «Coydog». In vielen Fällen erscheinen diese Hybriden tatsächlich als umgänglicher als jene, die man mit Wölfen züchtete. Dennoch können auch sie unberechenbar und aggressiv sein. Manche Coydogs sprechen immerhin auf Erziehungsmaßnahmen an und zeigen auch eine sehr freundliche Seite, insbesondere gegenüber Menschen, die sie gut kennen. Es mag deshalb als seltsam erscheinen, daß Grauwölfe und Kojoten sich in der Wildnis dort nicht von selbst paaren, wo sie gemeinsam vorkommen. Es herrscht aber eine ausgesprochene Antipathie zwischen ihnen, ganz besonders von seiten des Wolfes, der seinen kleineren Verwandten oft umbringt, wenn er ihm begegnet. Dennoch, eine erfolgreiche Vermischung hat man auch zwischen diesen beiden Arten bis jetzt mindestens einmal erfolgreich ausgeführt, in einem Zoo nämlich.

Dies ist ein Saarlooswolfhond – eine Rasse, die geschaffen wurde durch die Wiedereinzüchtung von Wolfsgenen in eine Haushundelinie in den dreißiger Jahren.

Praktischer Hinweis

Hüftgelenkdysplasie ist einer der erblichen Defekte, auf welche Zuchtbestände jetzt regelmäßig untersucht werden. Größere Rassen, wie z. B. Deutscher Schäfer oder Labrador Retriever, sind besonders anfällig. Kaufen Sie daher nur von anerkannten Züchtern, deren Zuchttiere geröntgt worden sind. Andernfalls kann Ihr junger Hund über kurz oder lang Anzeichen von Schwäche in der Hinterhand zeigen, die abhängt vom Grad, in welchem die Hüftgelenke betroffen sind.

Saarloos' Programm

Wolf-Hunde sind kein neues Phänomen, und ein Erbe solcher Hybridisierung kann man heute in Europa sehen. In den dreißiger Jahren startete der Holländer Leendert Saarloos in Zusammenarbeit mit einem Lokalzoo ein spezielles Zuchtprogramm, welches die Vermischung von Grauwölfen mit Haushunden zum Ziele hatte.

Saarloos glaubte, daß die Haushunde geschwächt worden seien durch die generationenlange Wahlzucht und daß dies zu Problemen wie z. B. Hüftgelenkdysplasie geführt habe. Sein Ziel war es, durch Einzüchtung von Wölfen solche Mängel zu eliminieren und neue Vitalität in den Haushund hineinzubringen.

Er wählte zu diesem Zweck den Deutschen Schäfer, doch erlitt seine Theorie schon im Frühstadium einen ernsten Rückschlag, als der Wolf, den er ursprünglich für sein Programm vorgesehen hatte, an

Praktischer Hinweis

Schaffen Sie sich immer eine klare Vorstellung vom Wesen und von den Bedürfnissen einer Rasse, bevor Sie einen Entscheid treffen. Hunde unterscheiden sich diesbezüglich ganz gewaltig. Schlittenhunde, wie die Siberian Huskies, sind athletisch und bewegungshungrig und benötigen daher sehr viel Auslauf.

einer Virusinfektion starb, mit der ihn wahrscheinlich sein Schäferhundgenosse angesteckt hatte.

Später machten Saarloos Verhaltensprobleme der Wolf-Hund-Welpen zu schaffen, die aus der zweiten Paarung stammten. Sie sprachen schlechter auf Erziehungsmaßnahmen an als Haushunde und waren von Natur aus auch scheuer. Sie gingen auch überaus gerne auf Streifzüge und zeigten einen stark ausgeprägten Rudelinstinkt.

Saarloos setzte sein Zuchtprogramm fort, konzentrierte sich dabei aber darauf, den wölfischen Einfluß in den nachfolgenden Generationen zu reduzieren, indem er verschiedentlich wieder Deutsche Schäfer einkreuzte. Seine Absicht war, daß die Wölfe nach der ersten Paarung in seiner Zuchtstrategie keine weitere Rolle mehr spielen sollten.

Die unerwünschten Eigenschaften, die Saarloos ursprünglich beobachtet hatte, waren bis zu seinem Tod im Jahre 1969 weitgehend verschwunden. Andere Enthusiasten setzten sein Werk fort, und sechs Jahre später wurde die Rasse zur Registration durch den Holländischen Kennel Club zugelassen. Man gab ihr den Namen ihres Schöpfers, und so wurde sie als Saarlooswolfhond bekannt. Saarloos' Überzeugung, daß sich Hunde durch die Einkreuzung des Wolfes verbessern ließen, – was überhaupt zur Entwicklung der Rasse geführt hatte –, bleibt unbewiesen.

Heute kann man den Saarlooswolfhond auf bedeutenderen Hundeausstellungen Europas sehen, doch häufig ist er nicht. Er wird von seinen Liebhabern gegen jede mögliche züchterische Ausbeutung aufgrund seines Erbgutes sorgsam abgeschirmt. Was sein Wesen anbelangt, ist er von den Wolf-Hund-Hybriden weit entfernt.

Trotzdem hat die Rasse eine gewisse Zurückhaltung beibehalten und die Tiere sind meistens ausgeglichener, wenn sie zu zweit gehalten werden. Das weist eindeutig auf die erst vor wenigen Jahrzehnten vorgenommene Zuführung wölfischen Erbgutes hin.

Der Deutsche Schäfer war der Haushund, der zur Entwicklung dieser Rasse beitrug. Saarloos glaubte, daß seine Vitalität nachlasse, und trachtete danach, die Rasse durch Hybridisierung wieder zu verbessern.

DOMESTIKATION
Woher die Rassen stammen

Die Herkunft der heutigen Hunderassen hängt in hohem Masse von der früheren Verbreitung des Grauwolfes ab. Die Mehrheit von ihnen stammt von der nördlichen Hemisphäre. Nur wenige sind aus Afrika gekommen, wo der Grauwolf nie verbreitet war. Die bemerkenswerte Ausnahme ist der Basenji, ein Jagdhund aus Zentralafrika, der wahrscheinlich von den frühen ägyptischen Jagdhunden abstammt. Weniger lange zurück, im ausgehenden 19. Jahrhundert, haben im Süden des Kontinents burische Siedler den Rhodesian Ridgeback gezüchtet. Der entlang der Rückenlinie gegen den Strich wachsende Fellstreifen ist ein Merkmal des ausgestorbenen Hottentottenhundes.

Die drahtige, sportliche Erscheinung des Azawakh läßt ihn seine Rippen zeigen – genau wie der Greyhound setzt auch diese nordafrikanische Rasse kein Körperfett an. Zudem hat er eine große Lungenkapazität.

Andere wahrscheinliche Abkömmlinge der ägyptischen Jagdhunde sind der Azawakh, eine sehr schnelle, langbeinige Rasse, von den Tuareg in der südlichen Sahara zur Gazellenjagd gehalten, und der Sloughi, der ebenfalls aus dem Norden Afrikas stammt und nun auch in anderen Teilen der Welt immer bekannter wird.

Südamerika

Eine ähnliche Situation finden wir in Südamerika, einem anderen Teil der Erde, die von Wölfen nie bewohnt war. Es gibt den alten Peruanischen Nackthund, der möglicherweise mit der nördlicheren mexikanischen Nackthundrasse verwandt ist. Anerkannte Rassen von weiter südlich, wie der Fila Brasileiro und der Dogo Argentino, sind viel jüngerer Herkunft und stammen von Rassen ab, die aus anderen Erdteilen eingeführt wurden.

Nordamerika

Begleithunderassen aus Nordamerika sind so gut wie unbekannt, denn dort war es absolut notwendig, daß die Hunde an der Seite der Menschen arbeiteten. Sie zogen Schlitten oder verfolgten das Wild in einer

Praktischer Hinweis

Rassen, die aus anderen Erdteilen, stammen, haben kaum mehr Mühe, in unseren Regionen zu leben als solche, die sich hier entwickelt haben. Es mag allerdings sein, daß wir sie im Winter speziell schützen müssen, wenn es sehr kalt ist.

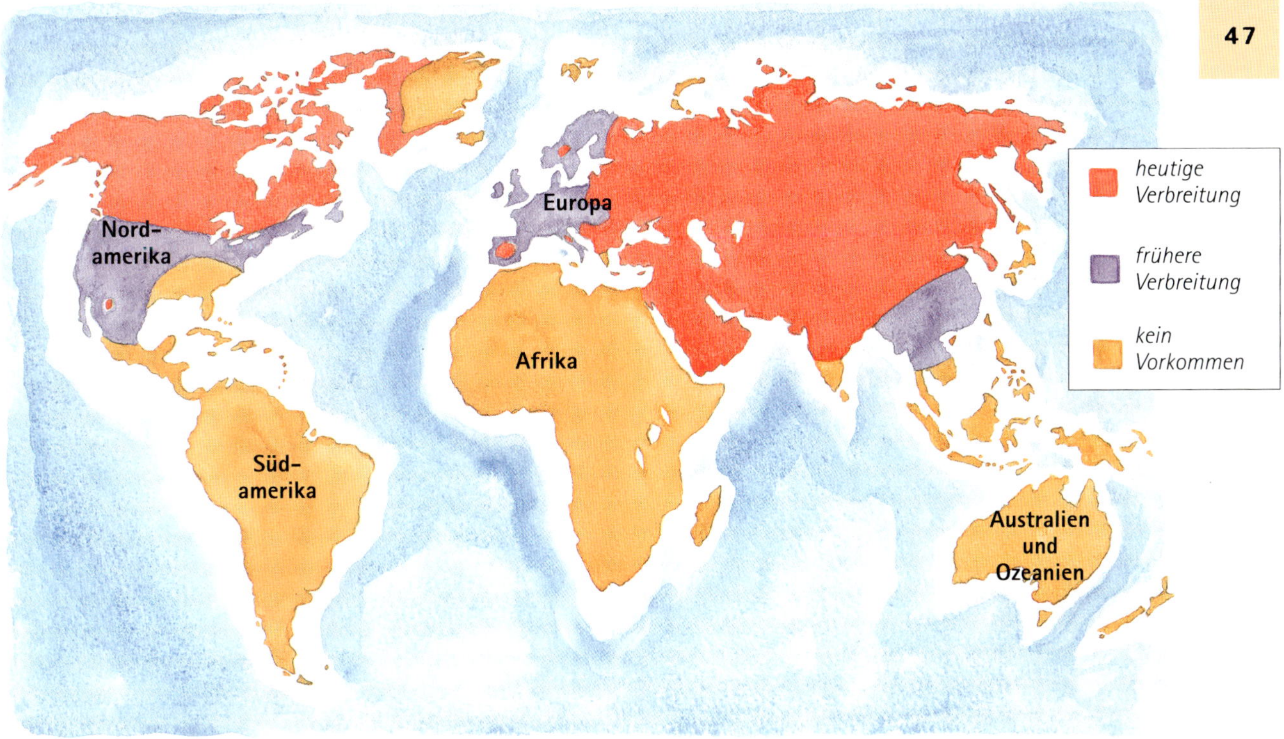

Diese Karte zeigt sowohl den ehemaligen wie den jetzigen Lebensraum des Grauwolfes. Daraus ist ersichtlich, wie stark er in der jüngeren Vergangenheit eingeschränkt wurde, insbesondere in Europa. Die Verbreitung des Wolfes wiederum hilft, uns den Entwicklungsverlauf des Haushundes zu erklären.

Umwelt, die hart war und noch immer hart sein kann, so daß ihr nur die Lebensfähigsten gewachsen waren.

Alaskan Malamutes ziehen jederzeit Schlitten von mehr als 350 kg über Distanzen von 80 km pro Tag. Die Kraft dieser Hunde, die in Sechsergruppen arbeiten, ist phänomenal.

Eurasien

In Europa und Asien, wo das Leben der Menschen ruhiger verlief, entwickelten sich die Zwerghunde. Diese waren vielerorts absolut geschützt, und ihr Besitz war der Nobilität vorbehalten. Im kaiserlichen Palast in Beijing wurden die Pekingesen streng bewacht, und jedermann, der einen solchen Hund aus China hinauszuschmuggeln versuchte, war seines Todes sicher. Erst nachdem britische

Der Dogo Argentino – eine südamerikanische Rasse, entwickelte sich aus importierten europäischen Zuchttieren in den zwanziger Jahren. Relativ wenige andere Hunderassen haben ihren Ursprung in Südamerika.

Streitkräfte den Palast gestürmt hatten, wurde die Rasse im Westen zum erstenmal gesehen.

Nur wenige Hunde sind wohl jemals dermaßen verhätschelt worden wie die Pekingesen. Man nannte sie manchmal «Ärmelhunde», da sie klein genug waren, um in den weiten Gewandärmel der Höflinge getragen zu werden. Ihre Welpen wurden sogar, wenn nötig, gewickelt.

Die heutigen Pekingesen haben ein gedrungeneres Gesicht und ein längeres Fell als ihre chinesischen Vorfahren.

Praktischer Hinweis

Es sind vor allem die Züchter, bei denen neue Rassen zuerst auftauchen, denn es ist notwendig, mindestens mehrere einander möglichst wenig verwandte Hunde einzuführen, so daß man einander fremde Blutlinien schaffen kann. Anschließend mögen überzählige Tiere bereits verkauft werden, aber neu eingeführte Rasssen, die sich im Aufbau befinden, sind wegen ihrer Seltenheit üblicherweise sehr teuer im Vergleich mit herkömmlichen Rassen.

Man nimmt an, daß die Familie der Haushunde von mehreren bestimmten Wolfsfamilien abstammt, die in Nordamerika, Europa, im Mittleren Osten und in Asien vorkamen.

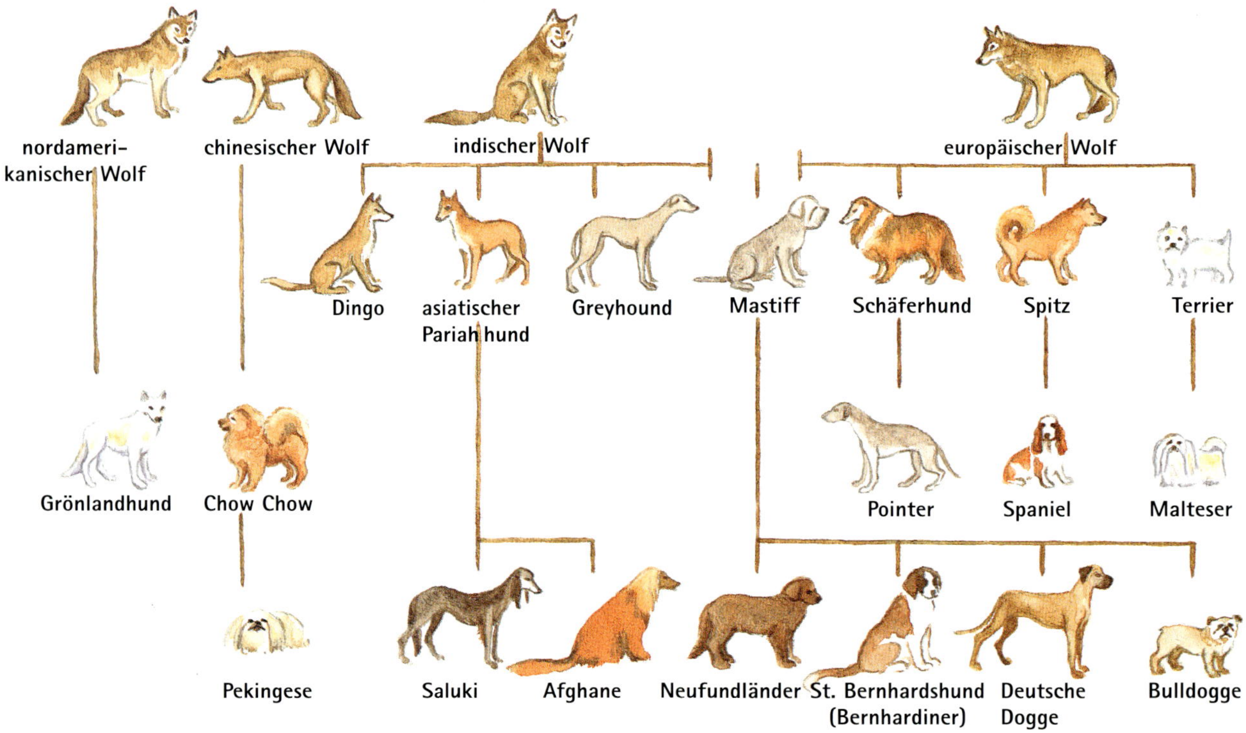

SCHLITTENTEAMS

Hunde waren eine Lebensnotwendigkeit, um die Verbindung zwischen menschlichen Siedlungen aufrechtzuerhalten. Dies spielte wohl nie eine größere Rolle als im Fall von Nome in Alaska, als dieser Ort zu Beginn des 20. Jahrhunderts einen Diphterieausbruch erlebte. Außer Hunden standen keine Verkehrsmittel zur Verfügung, um diesen Außenposten der menschlichen Zivilisation zu erreichen. Allein die Tapferkeit eines Schlittenteams ermöglichte die medizinische Versorgung.

RASSENEINTEILUNG
Was heißt «Rasse»?

Die Rasseneinteilung für Hundeausstellungen ist von Land zu Land etwas verschieden. Gemäß Reglement des Britischen Kennel Clubs gibt es fünf Hauptgruppen: Vorsteh-, Stöber- und Apportierhunde (engl. Sammelbegriff: Gundogs); Laufhunde (Bracken) und Windhunde (engl. Sammelbegriff: Hounds); Terrier; Zwerghunde; Gebrauchshunde. Die Situation in Nordamerika ist etwas anders: Hier wird in Gebrauchs- und Nichtgebrauchsklassen unterschieden, während Gebrauchshunde und Gundogs nicht in separaten Gruppen erscheinen.

Der Chihuahua ist als kleinste Hunderasse der Welt anerkannt. Man hält ihn als Begleiter, und eingeteilt ist er bei den Zwergrassen. Dieser ist die langhaarige Variante.

Es existieren auch beträchtliche Unterschiede in der Anerkennung von Rassen, und in einigen Fällen selbst beim Standard ein und derselben Rasse. Die höchste Zahl Rassen ist anerkannt von der europäischen Institution mit dem Namen Fédération Cynologique Internationale (FCI). Diese war bestrebt, die Hunde vor allem auch nach ihrem Verwendungszweck zu unterteilen. Die meisten Hunde einer bestimmten Gruppe haben gewisse Merkmale gemeinsam – sowohl in ihrem Erscheinungsbild wie auch in ihrem Wesen.

Der Irish Wolfhound ist die größte Hunderasse der Welt. Aufgrund seiner jagenden Vorfahren wird er als Hound (Windhund) klassiert.

Die Gruppe der Hounds (Windhunde und Bracken)

Die Hound-Gruppe kann ihre Ahnenreihe zurückverfolgen bis in die frühesten Tage der Hundedomestikation, und zwar räumlich in den Mittleren Osten. Während die älteren Rassen dieser Gruppe dazu neigen, sowohl mit den Augen wie mit der Nase zu jagen, – genau wie die Wölfe –, gibt es auch Hinweise auf eine frühe zunehmende Spezialisierung innerhalb der Gruppe. Die auf Sicht jagenden Hunde, die Windhunde, etwa verkörpert im Afghan oder im Greyhound, sind äußerst athletisch und haben einen raumgreifenden und federnden Gang. Typisch für diese Hunde ist der sogenannte Karpfenrücken, der sich deutlich von den Schultern hinunter zu den Hüften wölbt.

Da der Geruchssinn für diese auf Sicht jagenden Hunde relativ unwichtig ist, sind ihre Nasenkammern schmal und geben ihrem Kopf ein eher birnenförmiges Aussehen. Obwohl sie als Sprinter gebaut sind, sind sie dennoch recht ausdauernd und haben einen sicheren Tritt, so daß sie auch bei hohem Tempo wenden können, um ihre Beute am Entkommen zu hindern.

Die Windhunde sind eher Einzelgänger als Rudelhunde. Als Haustiere sind sie aktive, lebhafte Begleiter. Ihre Erziehung kann sich anfänglich

Die Klassifizierung von Hunden begann erst mit der Entwicklung der Showszene gegen das Ende des 19. Jahrhunderts. Zu jener Zeit gab es eine ganze Anzahl von Bulldoggenschlägen.

schwierig gestalten, weil sie sehr gerne ihren Instinkten folgen und leicht davonrennen. Greyhounds, deren Karriere auf der Rennbahn zu Ende ist, werden oft als Haushunde angeboten. Sie erweisen sich meist als angenehm und freundlich und sind sehr zuverlässig zusammen mit Kindern.

Es ist allerdings eine gute Idee, solchen Hunden einen Maulkorb anzuziehen, wenn man sie spazierenführt, vor allem, wenn Aussicht besteht, daß man kleinere Hunde antreffen wird. Solche könnten sie nämlich sehr leicht als Beute betrachten.

Windhunde sind als Kurzstreckenläufer schon mit einem einzigen tüchtigen Sprint recht zufrieden und kehren anschließend willig wieder heim. Dies macht sie zu einer guten Wahl, falls Ihnen die Zeit fehlt, einen Hund jeden Tag ausgiebig zu bewegen.

Mit der Nase jagende Hunde, die Bracken oder Laufhunde, sind eher Langstreckenläufer, also für Ausdauer, nicht für hohes Tempo geschaffen. Ihre Nasen sind breit, um ihre Fähigkeit, dem Geruch einer Fährte zu folgen, auf ein Höchstmaß zu steigern. Meist arbeiten sie in Meuten, sind freundlich, stürmisch und zudem auch gefräßig. Gerne sind sie darauf aus, bei Gelegenheit Futter zu stehlen.

Die heutigen Bulldoggen sind etwas anders im Aussehen als ihre Vorfahren: Sie haben einen größeren Kopf und kürzere Beine.

Praktischer Hinweis

Der sogenannte Lurcher (auf dem Festland unbekannt; Anm. des Übersetzers) ist keine anerkannte Hunderasse, sondern eine Kreuzung zwischen Greyhound und Collie, den man zum Wildern verwendet. Dies ist auch der Grund, weshalb die meisten Lurcher traditionsgemäß ein dunkles Fell haben. Sollen sie doch nachts möglichst unsichtbar sein.

Ratten bedeuteten ein Gesundheitsrisiko, und sie zu jagen, war eine wichtige Beschäftigung. Dieser gingen die Terrier mit Begeisterung nach. Selbst längst als Familienhunde gehaltene Terrierrassen fangen und töten kleine Nager nach wie vor instinktiv.

Terrier und Zwerghunde

Beide Gruppen bestehen aus kleinen Rassen, die jedoch bemerkenswerte Wesensunterschiede zeigen können. Terrier neigen dazu, draufgängerische, zähe und hartnäckige Naturen zu sein, wogegen manche Zwergrassen viel fügsamer und gelehriger sind, da sie als Begleiter gezüchtet wurden. Während die große Mehrheit der Terrier aus Großbritannien stammt, haben die Zwergrassen eine mannigfaltige Herkunft.

Terrier

Viele Terrier hat man ursprünglich als Jagdgefährten gezüchtet. Man benötigte sie, um die Füchse aus den Bauten zu sprengen, damit die Hounds sie anschließend verfolgen konnten. Sah sich ein solcher Hund in der Enge eines Baus einem zu allem entschlossenen Fuchs gegenüber, mußte er tapfer und kühn sein, um sich durchzusetzen. Es ist auch kein Zufall, daß viele Terrier ein drahtiges Fell haben, weil sie ursprünglich die meiste Zeit außerhalb des Hauses verbrachten.

Andere Terrier, wie z. B. die Staffordshire Bull Terriers, wurden aufeinander losgelassen in blutigen Hundekämpfen, die häufig mit dem Tod des einen oder gar beider Hunde endeten.

Eine weitere Eigenheit der Terrier ist es, mit Vorliebe kleine Nager umzubringen, so daß Rattenvernichtungs-Wettkämpfe in den Pubs von London im 19. Jahrhundert abgehalten wurden. Ein führender Ratter (= Rattenkiller) jener Zeit namens Billy schaffte es, ganze hundert Ratten in nur sechs Minuten und 13 Sekunden zu töten. Durch die damals zunehmende Verstädterung wurden Terrier immer gefragter als Mäuse- und Rattenvertilger.

Der Kampfesmut der Terrier wurde auch in negativer Weise ausgenutzt, und zwar in Hundekämpfen. Staffordshire und English Bull Terriers wurden zu diesem Zweck gehalten, nachdem die Kämpfe mir Stieren verboten worden waren. Auch heute noch vertragen sich viele dieser beiden Rassen nicht gut mit anderen Hunden und können von daher unter Umständen ein Risiko darstellen.

Vor noch nicht allzu langer Zeit haben sich die Pit Bull Terriers durch ihre bösartigen Attacken auf Menschen einen üblen Namen gemacht und damit die unerwünscht aggressive Seite dieser Hunde verdeutlicht. Einschränkungen für deren Besitz wurden in verschiedenen Ländern eingeführt, doch ist die Situation insofern nicht einfach, als diese Terrier gar keine anerkannte Rasse darstellen. Sie entstehen aus Kreuzungen zwischen Bull Terrier einerseits und Rottweiler oder einer anderen Rasse mit ausgesprochenem Kampftrieb anderseits.

Zwergrassen

Die Angehörigen der Zwergrassengruppe schließen den Chihuahua mit ein, benannt nach der gleichnamigen mexikanischen Provinz, aus der er stammen soll. Seine Herkunft ist jedoch unklar. Er kommt lang- und kurzhaarig vor, und seine anatomische Besonderheit ist die offene Fontanelle. Die Schädeldecke ist nämlich nicht voll ausgeformt, so daß man die Öffnung unter der Kopfhaut fühlen kann. Auch im Verhalten sind Chihuahuas etwas ungewöhnlich, indem sie zu zittern anfangen, nicht nur, wenn es kalt ist, sondern wenn sie nervös oder aufgeregt sind.

Eine Anzahl Zwergzüchtungen an sich größerer Rassen findet sich ebenfalls in der Zwerghundegruppe. Einer von ihnen ist der Englische Zwergspitz (engl. Pomeranian). Er ist eines der kleinsten Mitglieder der Spitzen-Familie, welche dem Grauwolf von allen Haushunden am ähnlichsten ist.

Der Englische Zwergspitz ist der kleinste Angehörige der Spitz-Gruppe. Sein Gesicht gleicht dem eines Fuchses.

Der Englische Zwergspitz ist ca. 28 cm hoch, also nur unwesentlich kleiner als der Shamanu oder Japanische Wolf (Canis lupus hodophilax), der um 1905 herum ausgerottet wurde. Er maß 39 cm und war in der Farbe meist von fahlem Grau.

Viele der orientalischen Rassen, die heute noch existieren, gehören tatsächlich in die Gruppe der Zwerghunde, obgleich es keinen Beweis gibt , daß sie vom Shamanu-Wolf abstammen. Es ist noch nicht allzu lange her, daß sie im Westen überhaupt bekannt wurden. Sowohl der Tibet-Terrier (der trotz seines Namens kein Terrier ist) wie auch der Lhasa Apso, gleichfalls aus Tibet, tauchten im Westen erstmals in den dreißiger Jahren auf. Mops, Pekingese und Shi Tzu sind ebenso fernöstlicher Herkunft.

Die Zwergrassen haben üblicherweise eine anziehende Persönlichkeit und entwickeln sich zu treuen Begleitern. Oft erweisen sie sich auch als aufmerksame und mutige Wächter. Trotz gewisser gesundheitlicher Probleme haben diese kleinen Hunde im allgemeinen eine höhere Lebenserwartung als ihre größeren Verwandten.

Viele der heutigen Zwergrassen entwickelten sich ursprünglich im Osten, so etwa auch der Lhasa Apso.

Hütehunde

Der Gebrauch von Hunden zum Schutz der Herden vor Raubtieren ist eine alte Tradition, die zurückreicht bis zum Beginn landwirtschaftlicher Tätigkeit. Hütehunde lassen sich in zwei Kategorien unterteilen. Die größeren Rassen, wie etwa der Bergamasker aus Italien oder die Tibet-Dogge, waren vorab Beschützer der Herden. Sie arbeiteten oft mit kleineren Hunden zusammen, die zur Kontrolle der Herdetiere verantwortlich waren.

Die eigentlichen Hütehunde wurden hauptsächlich für die Arbeit mit Schafen und Ziegen entwickelt. In Europa entstanden eine ganze Anzahl solcher Rassen unabhängig voneinander, und sie sind daher manchmal auch sehr unähnlich in ihrem Aussehen. Ein Merkmal, das sie jedoch meist gemeinsam haben, ist ihr wasserabstoßendes Fell, arbeiteten sie doch alle bei Wind und Wetter im Freien.

Old English Sheepdog

Der Old English Sheepdog ist einer der international bekanntesten Angehörigen dieser Gruppe. Er hat ein langes, zottiges Fell, welches täglicher Pflege bedarf, damit es nicht verfilzt.

Wie alle anderen Schäferhunde ist der Bergamasker eine lebhafte und intelligente Rasse, die sich nicht wohl fühlt, wenn sie sich mit einem Leben in der Stadt abfinden muß. Verhaltensprobleme sind die unausweichliche Folge einer solchen Haltung.

Hunde werden seit Jahrhunderten zum Hüten und Bewachen von Herden verwendet, und in vielen Ländern sind arbeitende Schäferhunde ein täglicher Anblick.

Welsh Corgis

Einige Hütehunde sind geschaffen worden, um eher mit Vieh als mit Schafen zu arbeiten. Überraschenderweise sind sie oft von kleinerer Körpergröße, wie z. B. der Welsh Corgi, der nur 30 cm mißt. Von ihm gibt es zwei Typen – den Cardigan, der eine lange Rute hat wie ein Fuchs, und den Pembroke. Beide sind nach den Namen walisischer Grafschaften benannt.

Die zwei Rassen sind sehr alt und gehen Jahrhunderte zurück. Auffällig ist, wie stark sie dem schwedischen Vallhund gleichen, obwohl ihre Verwandtschaft mit ihm unklar ist. Ihre geringe Körpergröße ist für ihre Arbeit vorteilhaft, können sie sich doch leicht zwischen den Rindern hindurchbewegen und sie in die Fesseln zwicken, um sie voranzutreiben. Dabei riskieren sie kaum, von diesen geschlagen zu werden, was für sie fatale Konsequenzen hätte.

Corgis spielten einst eine wesentliche Rolle, wenn das Vieh zur Stadt getrieben werden mußte. Leider hat sich ihre Neigung zum Schnappen nach wie vor erhalten, und manchmal reagieren sie ganz instinktiv auf diese Art. Strikte Erziehung von frühem Alter an wird diese Unart zurückbinden, doch sind wahrscheinlich andere Rassen besser geeignet für ein Haus mit Kindern.

Australische Hütehunde

Hütehunde mit hervorragender Ausdauer und anpassungsfähigem Wesen wurden zur Arbeit in Australien benötigt. Eine der am besten bekannten

Rassen, die zu diesem Zweck gezüchtet wurde, ist der Australian Cattle Dog. Er ist etwas größer als der Corgi und mißt bis ca. 51 cm. Eine große Auswahl an Rassen scheint unter seinen Ahnen zu sein, einschließlich wahrscheinlich der Dingo und zudem der Dalmatiner. Seinetwegen sind Australian Cattle Dog-Welpen nämlich weiß bei der Geburt.

Während der Dingo half, zur benötigten Härte und Ausdauer beizutragen, brachte der Dalmatiner vor allem die Gefügigkeit und Gelehrigkeit ein. Zudem ist auch letzterer von Natur aus gemacht, weite Strecken in zügigem Tempo zurückzulegen. War er doch gezüchtet worden, um neben den Kutschen der Wohlhabenden einherzutraben.

Eine weitere australische Hütehundrasse mit einer interessanten Ahnenreihe ist der Kelpie. Diese Schäferhunde stammen von einem Collie-Paar ab, das 1870 aus England eintraf und nach seiner Ankunft einen Wurf hatte. Später wurde einer der Welpen mit einem einheimischen Hund gekreuzt, den man Kelpie nannte.

Alle möglichen Farbschattierungen in Rot und Braun sind beim Kelpie zu finden. Die schwarz gefärbten nennt man Barbs, obwohl es sich bei ihnen um ein und dieselbe Rasse handelt. Wie alle guten Schäferhunde haben auch Kelpies die Fähigkeit, die Schafe nicht sosehr unter Kontrolle zu halten, indem sie um sie herumrennen, als vielmehr, indem sie sie mit den Augen fixieren.

Ein Angehöriger der eben behandelten Gruppe wird zunehmend populärer in der internationalen Ausstellungsszene: der Australische Schäfer. Verwirrenderweise hat man diese Rasse aber vorwiegend in den Vereinigten Staaten entwickelt, und ihre Ursprünge liegen in Frankreich und Spanien.

Der Australian Cattle Dog ist eine robuste, zähe Hütehunderasse mit hervorragender Ausdauer.

DER HITZE ANGEPASST

Der Fennek (Wüstenfuchs) ist eine Art Wildhund, den man in heißen und sehr trockenen Gebieten findet. Da ihm für die Jagd kaum Deckungen zur Verfügung stehen, muß er sich auf seine großen Ohren verlassen können, um seine Beutetiere von weither zu lokalisieren. Jagen kann der Fennek erst nach Einbruch der Dunkelheit, wenn es viel kühler ist. Während der Hitze des Tages verkriecht er sich in Bauten oder Felsnischen.

Arbeitshunde

Die Arbeitshunde sind eine vielfältige Hundegruppe und stimmen grob überein mit den Rassen, die unter der Utility Group des Kennel Clubs aufgeführt sind. Verständlicherweise handelt es sich um Hunderassen mit den verschiedensten Vorgeschichten, und sie sind für eine Vielzahl von Zwecken gebraucht worden. Deshalb ist es um so wichtiger, sorgfältigen Einblick zu gewinnen in die Geschichte einer entsprechenden Rasse, um sich ein klares Bild vom Wesen ihrer Angehörigen machen zu können. Eine Anzahl dieser Rassen werden heutzutage nicht mehr verwendet und laufen daher Gefahr auszusterben. Es sei denn, sie ziehen die Aufmerksamkeit von Hundeliebhabern auf sich.

Die Spitze

Bereits ist der Tahltan Bear Dog aus Nordamerika verschwunden, während in Europa eine ähnliche Rasse, der Karelische

Der Karelische Bärenhund ist ein Jagdbegleiter, der in Finnland gezüchtet wurde. Dagegen ist der Dobermann (unten) eine Rasse, die in erster Linie zum Wächter entwickelt wurde. Nach wie vor ist er meist von dominantem Wesen. Beide sind auf ihre Art als typische Arbeitsrassen zu betrachten.

Der Jämthund (Schwedischer Elchhund) ist dem Grauwolf in Gestalt und Färbung sehr ähnlich. Er ist der größte der Elchhundrassen Skandinaviens.

Bärenhund in den sechziger Jahren einen Niedergang erlebte. Heute hat diese bestechende schwarz-weiß gefärbten Rasse einen neuen Aufschwung erfahren, und ihr Bestand scheint für die Zukunft gesichert. Ihren Namen hat sie von der finnischen Provinz erhalten, in der sie entstand.

Weitere ähnliche Spitz-Rassen stammen aus Skandinavien, deren charakteristische Merkmale wolfsartige Stehohren sind sowie ein gut behaarter Schwanz, der nach einer Seite eingerollt wird, wenn der Hund stillsteht. Seit Jahrhunderten hat man sie in diesem Teil der Welt als Mehrzweckhunde gehalten, sei es zum Hüten von Herden oder zur Jagd. Einige, so etwa der Jämthund (Schwedischer Elchhund), der mit einer Schulterhöhe von 64 cm der größte unter ihnen ist, haben eine ähnliche Färbung wie der Grauwolf.

Eine Veranlagung zur Wachsamkeit, kombiniert mit einem freundlichen Wesen, sind Eigenschaften dieser Hunde, was bedeutet, daß sich in der letzten Zeit auch solche Leute für sie interessierten, die eine Begleithunderasse suchten. Allerdings ist zu beachten, daß sie anderen Hunden gegenüber nicht immer überaus wohlgesinnt sind.

Rottweiler

Einige Arbeitshunde sind große und kraftvolle Erscheinungen, wofür der Rottweiler ein typisches Beispiel ist. Er ist in vielen Ländern außerordentlich populär, speziell in den Vereinigten Staaten. Die Rasse entstand in der deutschen Stadt Rottweil im Verlauf des letzten Jahrhunderts. Mit einem Schultermaß von 69 cm und einem Körpergewicht von 50 kg ist der Rottweiler ein furchteinflößender Wächter, wenn man ihn reizt. Konsequente Erziehung vom Welpenalter an ist wichtig, will man seine Tendenz zu Aggressivität unter Kontrolle halten.

Dobermann

Der Dobermann, eine weitere deutsche Rasse, ist meist ähnlich gefärbt wie der Rottweiler, nämlich schwarz mit lohfarbenen Abzeichen, und hat dasselbe glatte und kurze Haar. Seine Schnauze ist allerdings schmaler, und er ist leichter gebaut. Vom 1834 geborenen Steuereintreiber und Nachtwächter Louis Dobermann gezüchtet, ist er aggressiv gegen alle, die er als Fremdlinge betrachtet. In letzter Zeit hat man große Anstrengungen unternommen, um diesen Wesenszug wegzuzüchten.

Dobermänner, die sich im Showring aggressiv verhalten, zählen nie zu den Gewinnern. Es ist auch weiterhin von Bedeutung, daß dieser Hund jederzeit unter Kontrolle gehalten und nie mit Kindern alleine gelassen wird.

St. Bernhardshund

Andere Arbeitsrassen sind trotz ihrer beeindruckenden Körpergröße sehr freundliche Naturen. Zu ihnen gehört der Bernhardiner, der bis gut 90 kg wiegt. Seinen Ursprung kann man über 1000 Jahre zurückverfolgen zum Hospitz St. Bernhard in den Schweizer Alpen. Der damals gefährliche Große St. Bernhardspaß forderte das Leben vieler Reisender, und diese großen Hunden setzte man ein, um in Not Geratenen Hilfe zu bringen. Die Bernhardiner genießen den Ruf, über Jahrhunderte insgesamt mehr als 2500 Menschenleben gerettet zu haben.

Der Bernhardiner zog zuerst die Aufmerksamkeit auf sich wegen seiner Fertigkeit, in Not geratene Berggänger zu retten. Heutzutage ist er ein weltweit beliebter Familienhund trotz seiner Neigung zu geifern.

Vorsteh-, Stöber- und Apportierhunde (Gundogs)

Ein Curly-Coated Retriever. Durch sein dichtes und gekräuseltes Haar hat er ständig eine Luftschicht als Isolation um den Körper, damit er sich bei der Wasserarbeit nicht erkältet.

Eine ganze Reihe der heute populärsten Hunderassen finden wir in dieser Gruppe. Das überrascht nicht allzusehr, weil sie bewußt dazu geschaffen wurden, in engem Kontakt zum Menschen zu arbeiten. Sie sind leicht zu erziehen und sind von Natur aus freundlich. Obwohl die Jagd mit der Flinte sich erst im 19. Jahrhundert verbreitete, läßt sich die Ahnenreihe einer ganzen Anzahl dieser Rassen viel weiter zurückverfolgen. Spaniels zum Beispiel wurden in früherer Zeit gebraucht, um Vögel wie etwa Enten zu finden und zu apportieren, die man mit dem Bogen oder der Armbrust erlegt hatte.

Wasserhunde

Eine typische Eigenschaft vieler «Flintenhunde» ist ihre Wasserfreude. Wölfe dagegen können zwar schwimmen, tun es im allgemeinen aber nur, wenn sie einen bestimmten Grund dafür haben. Es mag anhand seines jetzigen Aussehens kaum zu glauben sein, aber der Pudel wurde ursprünglich als Apportierhund gezüchtet. Die unverwechselbare Frisur, die jedermann mit dieser Rasse in Verbindung bringt, stammt aus jener Zeit.

Die Läufe, besonders die Gegend um die Gelenke, wurden von Haar freirasiert, um die Beweglichkeit der Hunde beim Schwimmen zu verbessern. Dagegen ließ man am Körper möglichst viel Haar stehen, um diesen gegen das kalte Wasser besser zu isolieren. Die Quaste am Rutenende ermöglichte es dem Jäger, seinen Hund im Wasser besser wahrzunehmen.

Ein Irish Water Spaniel. Er hat ein dichtes, wasserabstoßendes Fell, jenem des Pudels nicht unähnlich, von dem er es möglicherweise geerbt hat.

Besondere Eignung für die Wasservogeljagd ist bei manchen dieser Jagdhunderassen offensichtlich, besonders auch beim Curly-Coated Retriever. Wie der Pudel hat auch er ein festes, dicht gelocktes Haar. Die Locken sind am deutlichsten am Körper, denn auch er braucht die Beine zum Schwimmen. Die sich zur Spitze hin verjüngende Rute dient ihm dabei als Ruder.

Der dritte Repräsentant von Hunden mit fest gelocktem Haar ist der Irish Water Spaniel. Der Vorteil eines solchen Haarkleides ist, daß es ziemlich wasserabstoßend ist. Folglich kann der Hund einen Großteil des Wassers aus dem Fell schütteln, wenn er an Land kommt, und anschließend weiterarbeiten, ohne eine Erkältung zu riskieren.

Pointer

Der außerordentliche Geruchssinn des Pointers wird seit Jahrhunderten geschätzt. Ihn benötigt man, um das Wild (vor allem Flugwild wie Fasane und Rebhühner) zu suchen und anzuzeigen (engl. point), bevor es geschoßen werden kann. Man nimmt an, daß sein Witterungsvermögen unter anderem durch das Einkreuzen von Bloodhounds erreicht wurde.

Neben dem eigentlichen Pointer gibt es eine Anzahl ähnlicher Rassen, die aus verschiedenen europäischen Ländern stammen, so z. B. den Braque Français, den Deutsch-Kurzhaar, den Deutsch-Drahthaar, den Altdänischen Hühnerhund u. a. Viele von ihnen haben eine

Der Pointer hat einen breiten Fang, was bedeutet, daß er über einen ausgeprägten Geruchssinn verfügt. Hat er das Wild erst einmal in der Nase, hält er inne und steht in seiner charakteristischen Haltung vor, um die Richtung anzuzeigen, in welcher sich die Hühner (Fasane, Rebhühner, Moorhühner etc.) aufhalten.

sehr geringe Verbreitung, z. T. selbst in ihrem Herkunftsland. Das trifft speziell auf Frankreich zu, wo eine ganze Reihe verschiedener Pointerrassen zu finden ist.

Setter

Eine weitere Hundegruppe, die sich infolge ihrer Fähigkeit, Wild zu finden und anzuzeigen, entfaltet hat, sind die Setter. Viele von ihnen, allen voran der Irish Setter (oft fälschlicherweise Roter Setter genannt), sind jetzt als Familienhunde populär. Der Name «Setter» leitet sich vom alten englischen Wort «set» ab, welches «sit» (deutsch sitzen) heißt und die Art und Weise umschreibt, wie die Hunde auf Wildwittrung reagieren. Setter haben breite Köpfe und ein relativ langes Fell. Das Haar an der Hinterseite der Vorderläufe und der Unterseite der Rute wird als Befederung bezeichnet.

Spaniels

Von kleinerer Statur sind die Spaniels, die heutzutage häufig als reine Familienhunde gehalten werden. Doch auch sie fühlen sich als Jagdhunde nach wie vor in ihrem Element. Allerdings hat man in vielen Ländern eine deutlich sichtbare Spaltung in Arbeits- und Showtypen vollzogen, wobei letztere u. a. ein üppigeres Haarkleid aufweisen. Spaniels benutzt man sowohl zum Hochmachen des Wildes als auch zum Apportieren.

Golden und Labrador Retriever

Die anpassungsfähigsten Gundogs sind die Golden und Labrador Retrievers, die mittlerweile zu den beliebtesten Hunderassen der Welt zählen. Ihr Geruchssinn sowie ihre Intelligenz sind in den verschiedensten Situationen anwendbar, sei es zu Hause oder sonstwo. Sie arbeiten als Blindenführ- oder Gehörlosenhunde, sind aber genauso geeignet für den Dienst in Flughäfen, wo sie nach Drogen oder Sprengstoff suchen. Auf der Feldjagd gebraucht man sie stets noch als sehr zuverlässige Apporteure (engl.= Retriever), und ihre anhängliche und lebhafte Art hat sie zudem als Familienhund populär gemacht.

ZUM SCHWIMMER GEBOREN

Bei einigen Gundogs hat sich die Beschaffenheit der Pfoten so verändert, daß sie die Schwimmfähigkeit zu unterstützen vermag. Der Chesapeake Bay Retriever, benannt nach der betreffenden Gegend in den Vereinigten Staaten, wo er im letzten Jahrhundert entwickelt wurde, hat aus diesem Grund Schwimmhäute zwischen den Zehen und eine ausgesprochen kräftige Hinterhand. Sein Fell ist relativ glatt, aber fettig, was ihn wiederum davor schützt, daß es mit Wasser vollgesogen wird und er sich dabei erkältet.

Der Dingo ist in Australien scharf bejagt worden, da man ihm vorwirft, er reiße Schafe. Man glaubt, diese verwilderten Haushunde seien auf diesem Kontinent seit über 8000 Jahren heimisch.

Verwilderte Haushunde

Es gibt eine Anzahl verwilderter Hunde auf der Welt. Bei ihnen handelt es sich um Haushunde, die zu einem vom Menschen unabhängigen und selbständigen Leben in freier Wildbahn zurückgekehrt sind. Man darf sie nicht verwechseln mit den streunenden, herrenlosen Hunden in den Straßen von Großstädten.

Dingos

Der Dingo ist das bekannteste Beispiel eines verwilderten Haushundes. Man hat lang geglaubt, er sei von der einwandernden Urbevölkerung mitgebracht worden. Jetzt aber ist es klar, daß die Verbundenheit von Dingos und Aborigines nicht so intensiv ist wie früher angenommen. Diese Hunde werden von den Eingeborenen eher toleriert als gefördert und spielen keine bedeutende Rolle in ihrer Kultur. Dies mag damit zusammenhängen, daß Dingos fast gar nicht erziehbar sind.

Ihre Herkunft bleibt ein Rätsel, aber immerhin gibt es eine Reihe von ähnlichen Hunden im nördlicheren Asien. Wie man erwarten kann, zeigen Dingos beträchtliche Größenunterschiede, da sie ja keine standardisierte Rasse sind. Zudem sind aus den ursprünglichen Wurzeln mehrere Verzweigungen hervorgegangen.

Ein typisches Merkmal des Dingos ist seine Färbung. Es handelt sich um einen rötlich-braunen Farbton, oft mit weißen Abzeichen auf der Körperunterseite. Leichte Abweichungen kommen vor infolge der Vermischung von Dingos und Haushunden.

Es gibt ein paar wesentliche anatomische Unterschiede, die den Dingo vom Haushund abheben. Der offensichtlichste ist wohl, daß seine Fang- und Reißzähne größer sind.

Im Wesen sind sie eher ruhig, vor allem auch auf der Jagd. Dies hängt wohl unter anderem damit zusammen, daß sie sich in manchen Lebensgebieten nicht wie Wölfe zusammenschließen. Als Einzeljäger vertrauen sie somit vielmehr auf den Überraschungseffekt als auf die Teamarbeit im Rudel.

Dort, wo jedoch Dingorudel vorkommen, gleichen sie in Aufbau und Organisation durchaus jenen der Wölfe. Die matriarchalische Hierarchie ist dermaßen ausgeprägt, daß nur die dominante Hündin Nachwuchs bekommt. Wird ein anderes Weibchen im Rudel gedeckt, werden seine Welpen getötet. Anders als die meisten Haushunde sind Dingos meistens nur einmal im Jahr hitzig. Die Paarung erfolgt üblicherweise in den Monaten März und April, und neun Wochen später kommen bis zu zehn Welpen zur Welt. Nach ungefähr einem halben Jahr sind diese selbständig.

Der Neuguinea-Dingo (New Guinea Singing Dog) wird in einem Zustand von Halbfreiheit um die Siedlungen dieser Insel gehalten. Ein paar solcher Hunde werden nun in den USA gehalten und gezüchtet.

Man hat die Dingos als Schädlinge der australischen Schafzucht, besonders während der Lämmerzeit, intensiv bejagt. In Tat und Wahrheit ernähren sie sich genauso gerne von den einheimischen Wildtieren, etwa von Wallabys.

Neuguinea-Dingo (New Guinea Singing Dog)

Auf den Inseln nördlich Australiens findet man ähnliche Populationen verwilderter Haushunde, und immer mehr Hundenarren interessieren sich für sie. Zurzeit ist der Neuguinea-Dingo der bekannteste von ihnen, obwohl es noch weitere gibt auf Neuirland und anderswo. Er hat ebenfalls ein rötliches Fell, oft mit weißen Abzeichen, und er gibt einen ungewöhnlichen, meist melodiösen Ruf von sich.

Kanaan-Hund

Verwilderte Hunde bezeichnet man gelegentlich auch als Pariahhunde. Im Mittleren Osten hat man erfolgreiche Wiederdomestikationen vorgenommen, was schließlich zur Entstehung des Kanaan-Hundes geführt hat. Das Zuchtprogramm nahm 1935 in Israel seinen Anfang, und mittlerweile wird die Rasse in vielen Ländern gehalten. Zwar hat man ihr Exterieur in einem Standard festgehalten, aber die typischen Merkmale eines Pariahhundes haben sie trotzdem beibehalten.

Ihre Vorfahren hielt man sich vor ca. 4000 Jahren, um die Ziegenherden vor Raubtieren wie Schakalen zu schützen. Aus diesem Grund sind sie recht erziehungsfähig, was wiederum zu ihrer Popularität beigetragen hat.

EIN RAUHES LEBEN

Manchenorts, so etwa auch in Afrika, leben viele Hunde in einer Art Halbfreiheit. Oft müssen sie sich um ihr Futter selbst kümmern, profitieren aber davon, daß sie auch in Kontakt mit Menschen leben. Denn so erhalten sie Unterschlupf und ein Mindestmaß an Pflege. Der oben abgebildete Hund, der aus einem afrikanischen Wasserloch trinkt, ist in schlechter Verfassung. Eine Großzahl dieser Hunde wird von allen möglichen Parasiten geplagt, und sie sind deshalb anfällig auf Krankheiten, die ihnen ihre wild lebenden Verwandten übertragen. Es überrascht deshalb nicht, daß ihre Lebenserwartung wesentlich tiefer liegt als jene wirklicher Haushunde.

Der Kanaan-Hund ist eine Rasse, welche verwildert lebte und erneut domestiziert wurde.

FRÜHE KIND

HEIT

Sozialer Zusammenhalt und Rudelgefüge des Grauwolfes sind ein Grund dafür, weshalb seine Domestikation überhaupt erfolgreich sein konnte. In der Tat hat der Haushund die Bindung ans Rudel auf den Menschen übertragen, wenngleich es eine sehr wichtige Sozialisierungsphase im frühesten Leben eines Welpen gibt, welche seine weitere Entwicklung entscheidend prägt. Muß er während dieser Zeitspanne den Kontakt mit Menschen entbehren, wird es schwierig sein, sein Vertrauen zu gewinnen, wenn er heranwächst. Die Hierarchie, die innerhalb eines Rudels existiert, bedeutet, daß ein kleiner Welpe sich normalerweise gut an häusliche Umgebungen anpaßt.

Und er ist sehr darauf aus, Anerkennung von seinem Besitzer wie auch von anderen Familienmitgliedern zu erlangen.

ZUCHT
Hitze (Läufigkeit) zu bestimmten Zeiten

Haushunde neigen dazu, sich zahlreicher zu vermehren als der Grauwolf. Hündinnen haben üblicherweise zwei Zeitspannen pro Jahr, in welchen sie gedeckt werden können. Man bezeichnet diese als «Hitze» oder «Läufigkeit». Wölfinnen dagegen sind normalerweise nur einmal pro Jahr paarungsfähig. Es gibt aber auch Rassenunterschiede. Basenji-Hündinnen z. B. werden fast immer nur einmal jährlich läufig. Dies geschieht oft im Herbst, nicht, wie bei den meisten Rassen, im Frühjahr oder Sommer.

Der Basenji zeigt das typische Fortpflanzungsmuster des Grauwolfes: Hündinnen werden nur einmal jährlich läufig, nicht zweimal wie die meisten Haushunde.

Neben individuellen Unterschieden existieren auch Abweichungen aufgrund klimatischer Voraussetzungen. Der Basenji, anders als die meisten Rassen, stammt aus äquatorialen Regionen, wo es keine signifikanten jahreszeitlichen Unterschiede gibt. Rassen aus dem hohen Norden dagegen kommt es zugute, daß ihre Hitze auf das Ende des Winters fällt. Die Welpen werden dann im späten Frühjahr oder im Frühsommer geboren, wenn das Klima für ihr Gedeihen am günstigsten ist. Vor allem ist auch das Futter viel leichter zu beschaffen.

Der Klimafaktor ist für Haushunde weit weniger wichtig. Dies aus dem einfachen Grund, weil sie nicht mehr selbst auf Futtersuche gehen müssen oder extremen Temperaturen ausgesetzt sind.

Hündinnen werden ihr ganzes Leben lang läufig, das erstemal im Alter von ungefähr sechs Monaten. Kleinere Rassen werden früher geschlechtsreif als größere, wahrscheinlich weil sie zu einem früheren Zeitpunkt ausgewachsen sind. Hündinnen großer Rassen können bis zur ersten Hitze über ein Jahr alt werden.

Es empfiehlt sich, eine Hündin nicht vor ihrer zweiten Läufigkeit zu decken, was bei größeren Rassen bedeutet, daß sie gegen zwei Jahre alt sein wird, bevor sie ihren ersten Wurf hat. Obwohl sie üblicherweise pro Jahr zweimal läufig wird, sollte sie aus gesundheitlichen Gründen nicht mehr als einen Wurf innerhalb dieser Zeit aufziehen müssen.

Rüden werden im ähnlichen Alter wie Hündinnen reif, obschon es frappante Rassenunterschiede gibt.

Praktischer Hinweis

Kontrollieren Sie bei einem Rüden, besonders bei Zwergrassen, ob sich beide Hoden im Hodensack befinden. Es kommt vor, daß der eine im Körper zurückbleibt, was man als Kryptorchismus (= Einhodigkeit) bezeichnet. Dies macht eine chirurgische Korrektur notwendig, denn der zurückgebliebene Hoden kann eine Tumorbildung verursachen.

Männliche Beagles z. B. erreichen die Geschlechtsreife viel früher als weibliche. Trotzdem ist davon abzuraten, sie zu Zuchtzwecken zu verwenden, bevor sie wenigstens ein Jahr alt sind.

Haushunde gehen normalerweise viel eher ungebundene Geschlechtsbeziehungen ein als Wölfe. Läßt man sie daher unbeaufsichtigt, paaren sie sich bei der allerersten Gelegenheit. Aus diesem Grund muß man auf eine läufige Hündin sehr gut aufpassen, um zu verhindern, daß sie gedeckt wird. Nur bei sehr wenigen Rassen – bemerkenswerterweise bei solchen, die sich sehr isoliert entwickelten, wie etwa der Saluki in Nordafrika – neigen Hündinnen dazu, Rüden fremder Rassen abzuweisen.

PAARUNG BEI WÖLFEN

Bei den Wölfen ist es im Rudel meist nur das dominante Paar, das für die Fortpflanzung sorgt. Jungtiere, die eben erst die Pubertät erreicht haben und sich deshalb in der Rudelhierarchie auf niedriger Stufe befinden, kommen kaum dazu, sich zu paaren. Indem das ganze herangeschaffte Futter für einen einzigen Wurf aufgewendet wird, besteht eine höhere Wahrscheinlichkeit, daß möglichst viele von ihnen bis zur Geschlechtsreife überleben. Bei einer hohen Welpenzahl könnte es für ein Rudel schwierig werden, ausreichend Nahrung zu finden und die Gruppe verschiedenaltriger Jungtiere genügend zu beaufsichtigen.

Der Geschlechtszyklus

Obschon Rüden das ganze Jahr decken können, versuchen sie dies nur dann zu tun, wenn eine Hündin läufig ist. Chemische Wirkstoffe, sogenannte Pheromone, werden von der Hündin während der Hitze produziert, um dadurch die Rüden anzulocken. Sie werden durch die Luft getragen und können auf beachtliche Distanzen wirksam sein. Das ist der Grund, weshalb Rüden von weither angezogen werden, wenn eine Hündin in ihrer Nachbarschaft läufig ist.

Beginn der Hitze

Das erste sichtbare Anzeichen für den Beginn der Hitze ist das Anschwellen der Scheide und ein blutiger Ausfluß, der aus der Gebärmutter stammt. Im Gegensatz zur Menstruation beim Menschen gehen diese Blutungen dem Eisprung voraus. Die Blutausscheidung ist nicht bei jeder Hündin gleich stark, ist jedoch meist gut erkennbar auf ihrer Liegestelle. Während dieser Zeit leckt sie sich auch ihr Hinterteil häufiger.

Zwar werden immer eine ganze Anzahl Rüden von einer läufigen Hündin angezogen. Paaren wird sie sich jedoch mit dem dominantesten und nicht notwendigerweise mit dem größten unter ihnen.

Praktischer Hinweis

Seien Sie besonders vorsichtig bei einer läufigen Hündin. Ihr Verlangen nach einem Partner kann so stark sein, daß sie Ihnen bei der geringsten Gelegenheit entwischt, um sich einen Rüden zu suchen. Lassen Sie sie auf jeden Fall nie unbeaufsichtigt.

Ihr Verhalten kann sich ebenfalls ändern, indem sie möglicherweise besonders gerne spielt, um so die Aufmerksamkeit der Rüden auf sich zu lenken. Rüden aber, die sich ihr nähern, dürfen sie noch nicht decken so lange sie sich in der Vorphase der Läufigkeit befindet, also noch nicht aufnahmefähig ist. Diese dauert ungefähr neun Tage, worauf die Eisprungphase eintritt, in welcher die Deckung im allgemeinen vollzogen wird.

Läufigkeit und Eisprung

Während die Läufigkeit vorangeht, wird der blutige Scheidenausfluß wässriger. Statt zur Seite zu springen, wenn sich ihr ein Rüde nähert, steht die Hündin nun still und dreht die Rute nach einer Seite, um ihm klarzumachen, sie sei zur Paarung bereit. Sie wird jedoch nicht notwendigerweise jeden Rüden akzeptieren, der ihr nahekommt. Sie muß ihn als ihr gegenüber dominant anerkennen, wie dies auch bei den Wölfen der Fall ist.

Die Ovulation selbst findet innerhalb weniger Tage statt. Da sie aber nicht wie beim Menschen mit einer Erhöhung der Körpertemperatur verbunden ist, kann man sie nicht leicht erkennen. Züchter neigen deshalb dazu, ihre Hündinnen zwischen dem zehnten und dem 14. Tag ab Beginn der Läufigkeit zweimal zu decken, um die Wahrscheinlichkeit zu erhöhen, daß sie aufnehmen.

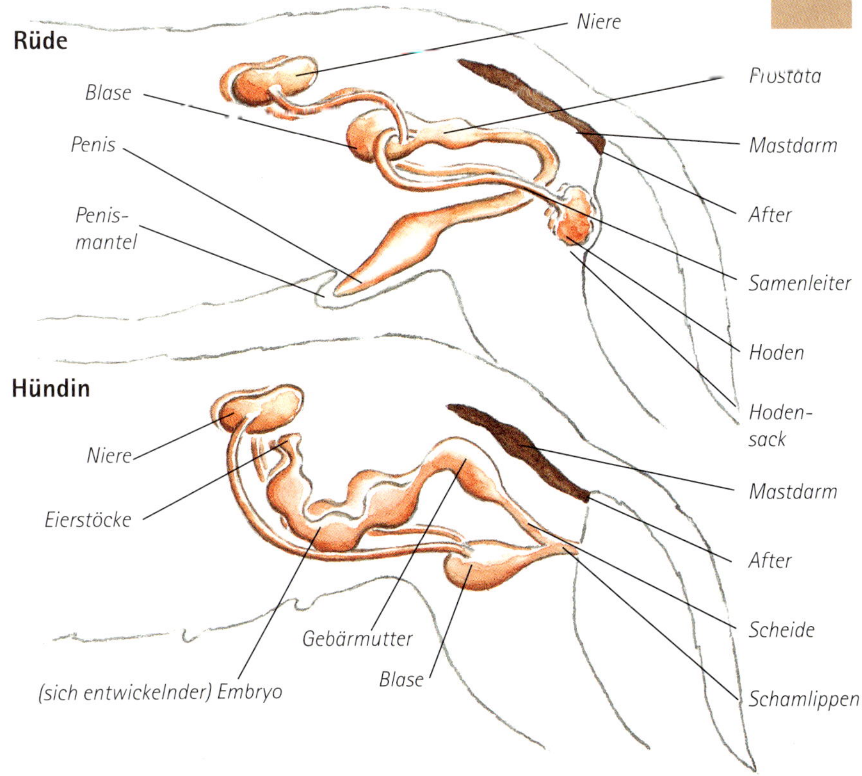

Die Anatomie des Fortpflanzungssystems von Rüde (oben) und Hündin (unten). Die Hündin ist in diesem Fall bereits trächtig, und die sich entwickelnden Föten sind bereits als Schwellungen in ihrem Eileiter sichtbar. Während die Genitalöffnung der Hündin sich am Hinterende ihres Körpers befindet, ist sie beim Rüden vor der Hinterhand auf der Unterseite des Körpers.

Der Deckakt

Der Rüde umklammert die Hündin fest während des Deckens. In den allermeisten Fällen «hängen» die beiden, indem die geschwollene Spitze des Penis von den Scheidemuskeln festgehalten wird. Der Penis enthält einen Knochen, welcher dessen Steife während des Begattungsvorgangs unterstützt.

Das Sperma wird zu einem frühen Zeitpunkt des Deckaktes ausgestoßen, worauf der Rüde, noch immer fest mit seiner Partnerin verbunden, von ihrem Rücken zur Seite kippt und sich dreht. Schließlich stehen die beiden Hintern an Hintern, und blicken in entgegengesetzte Richtungen.

Wie beim Wolf dient die Stellung dazu, etwas mehr Sicherheit zu garantieren in einer Zeitspanne, in der beide Tiere ziemlich wehrlos sind. Diese kann sich gelegentlich bis über eine Stunde erstrecken, und die Prostata entleert Sekrete in den Eileiter der Hündin, welche die Aussichten auf eine Befruchtung verbessern. Schließlich trennen sich die Partner und machen sich daran, sich zu reinigen.

Das «Hängen» ist nicht absolut notwendig, damit eine Befruchtung tatsächlich stattfindet, und bei gewissen Rassen, etwa beim Chow Chow, kommt es normalerweise gar nicht vor. Unter allen Umständen muß man es vermeiden, hängende Paare zu trennen, weil man sie sonst verletzen könnte. Um eine Übertragung der Spermien zu verhindern, ist es jetzt ohnehin zu spät, und falls man eine Trächtigkeit abwenden will, muß man die Hündin dagegen spritzen lassen.

Praktischer Hinweis

Hündinnen lassen sich unter Umständen während ihrer Hitze mehrmals decken. Lassen Sie sie deshalb auch nach einer erwünschten Paarung nicht frei herumlaufen. Sie könnte sich einen weiteren Partner suchen, und die Welpen im Wurf könnten dann möglicherweise von mehr als einem Vater stammen.

Trächtigkeit

Gleichgültig, ob die Deckung erfolgreich war oder nicht, klingen die Zeichen der Läufigkeit nach ungefähr zwei weiteren Wochen ab. Insgesamt erstreckt sie sich also über etwas mehr als drei Wochen. Dann folgt eine Periode sexueller Inaktivität von fünf Monaten oder mehr bis zur nächsten Hitze.

Anzeichen von Trächtigkeit

Die Trächtigkeit dauert ca. neun Wochen. Während des ersten Monats ist es schwierig zu sagen, ob eine Hündin tatsächlich trägt. In dieser Zeit bewegen sich die befruchteten Eier den Eileiter hinunter in die Gebärmutter, welche aus einem kurzen Hauptteil und einer Art langen Hörnern besteht. Das ist der Fall, weil normalerweise eine beachtliche Anzahl Welpen vorhanden sind und die Hörner dienen dazu, sie alle bequem unterzubringen.

Die befruchteten Eier setzen sich an der Uteruswand fest, wo sie eine plazentale Verbindung herstellen. Die Plazenta (Mutterkuchen) versorgt die Welpen während des Heranwachsens mit Nahrung. Vermeiden Sie im Frühstadium der Trächtigkeit, den Bauch der Hündin nach Welpen abzuklopfen. Damit könnten Sie diesen tödliche Verletzungen zufügen.

Augenfällige Anzeichen, wie Ausdehnung des Bauches oder Anschwellen der Milchdrüsen, erscheinen gewöhnlich nach etwa fünf Wochen. Eine parallele Situation finden wir beim Wolf, wo das eigentliche Körperwachstum der Welpen ebenfalls ins Endstadium der Trächtigkeit fällt. Soll doch die Behinderung einer Wölfin möglichst lange minimal bleiben, weil sie im Rudel mithalten und mitjagen können muß.

Diese Hündin ist fast am Ende ihrer Trächtigkeit. Ihr Bauch ist wesentlich dicker als üblich, und ihre Zitzen sind gut sichtbar. Kurze Zeit später gebar sie zwölf Welpen. Auch Wölfe können bis elf Junge zur Welt bringen, wobei ein durchschnittlicher Wurf etwa sechs beträgt.

Pflege der Hündin

Während der meisten Zeit ihrer Trächtigkeit benötigt die Hündin keine spezielle Behandlung. Sie darf normal bewegt werden, was ihr sogar hilft, die Spannkraft ihrer Muskeln zu erhalten. Gegen Ende der Tragzeit sollte man sie keine Sprünge mehr ausführen lassen. Erst jetzt, wenn die Welpen an Größe zunehmen, benötigt sie zusätzliches Futter.

Es ist besser, ihr solches in weiteren Mahlzeiten zu geben, anstatt die jeweilige Nahrungsmenge der bislang gewohnten Zeiten zu erhöhen. Ihr Bauch ist nämlich schon groß genug durch die vorhandenen Welpen. Im weiteren ist es wichtig, die Hündin vor ihrer Niederkunft zu entwurmen. So kann man das Risiko niedrig halten, daß die Welpen selbst schon früh unter Wurmbefall zu leiden haben.

Ein ruhiger Ort im Haus muß für die Geburt und die Aufzucht eines Wurfes zur Verfügung stehen. In der Küche herrscht meist zuviel Betrieb, und zudem kann sie auch Gefahren bieten, vor allem während des Kochens – es sei denn, die jungen Hund werden entsprechend eingesperrt. Das Badezimmer kann eine

Praktischer Hinweis

Es ist ganz normal, wenn schon vor der Geburt der Welpen Milch aus den Zitzen tröpfelt. Ebenso kann die Trächtigkeit in ihrer Dauer sehr variieren. Sie kann sich bis zu 70 Tagen hinziehen, ohne daß dies unbedingt Grund zu Besorgnis sein muß. Allerdings empfiehlt sich unbedingt ein Untersuch durch den Veterinär, wenn die Geburt nach gut neun Wochen noch nicht stattgefunden hat.

Wölfe sind als Welpen sehr hilflos, und eine Mutter muß ihren Nachwuchs manchmal vor möglichen Gefahren in Sicherheit bringen. Dazu trägt sie jedes einzelne Junge im Fang.

Alternative darstellen, doch auch hier kommt es zu gewissen Tageszeiten unausweichlich zu Störungen. Ein unbenutztes Zimmer ist wohl am idealsten, doch muß man den Fußboden mit Linoleum oder ähnlichem Material abdecken, um ihn leicht reinigen zu können.

WURFKISTE

Eine Wurfkiste soll der Hündin schon während der letzten zehn Tage vor der Geburt zur Verfügung stehen. Sie muß groß genug sein, damit sich die werdende Mutter darin bequem niederlegen kann. Zudem sollte sie den Wänden entlang und etwa 7,5 cm von diesen entfernt Stangen aufweisen, welche die Hündin daran hindern, ihre Jungen kurz nach der Geburt aus Versehen zu erdrücken. Dies ist vor allem ein Problem größerer Rassen. Ein leichter Zugang zum Kisteninnern ist natürlich wichtig, so daß die Wände (oder mindestens eine der Wände) entsprechend niedrig sein sollten. Anderseits müssen die Welpen darin sicher aufgehoben sein. Den Kistenboden staffiert man mit einer dicken Schicht Zeitungen aus, und bevor die Welpen fällig werden, legt man eine alte Wolldecke hinein, um die Hündin zu ermuntern, den Ort als Schlafplatz zu wählen.

Die Geburt

Wölfinnen wie Hündinnen suchen sich einen geschützten Ort, wenn die Geburt bevorsteht. Wölfe benutzen manchmal Höhlen oder ähnliche Unterschlüpfe. Auch eine Hündin, die aus irgendeinem Grund ihre Wurfkiste nicht mag, wird sich einen Platz suchen, der ihr zusagt. Und hat sie ihn erst gefunden, macht es wenig Sinn, sie vom Gegenteil zu überzeugen. Mit großer Wahrscheinlichkeit wird sie immerhin den Kompromiß eingehen, die Wurfkiste an jenem Ort des Hauses anzunehmen, den sie sich selbst ausgewählt hat.

Ruhelosigkeit ist eines der sichersten Zeichen, daß das Geburtsgeschehen in Kürze einsetzen wird, und hie und da verliert eine Hündin ihren Appetit oder erbricht sogar. Weitere Anzeichen sind das Anschwellen der Schamlippen, welche sich auch etwas dunkler verfärben. Unmittelbar vor Geburtsbeginn kann man auch feststellen, daß die Beckenbänder erschlaffen, so daß sich die Hüftknochen schärfer abzeichnen.

Geburtsgeschehen

In den weitaus meisten Fällen bieten Geburten kein Problem, auch wenn manche Hündinnen etwas hilflos wirken, vor allem, wenn sie zum erstenmal gebären. Häufig hecheln sie oder fangen zu zittern an.

Es ist überlebenswichtig, daß die Welpen unverzüglich nach der Geburt zu saugen beginnen, weil die erste Milch, die sogenannte Kolostralmilch, schützende Antikörper enthält. Diese Border Collie-Welpen sind gerade einen Tag alt.

Beim Grauwolf enthält ein Durchschnittswurf sechs Welpen, obschon auch hier Abweichungen vorkommen. Die Tragzeit ist bei Wolf und Hund gleich lang und beträgt im allgemeinen 63 Tage.

Bevor ein Welpe ausgestoßen wird, sind die Wehen meistens gut erkennbar. Er erblickt das Licht dieser Welt normalerweise Kopf voran, oft noch gänzlich im Harnsack verpackt.

Die Hündin beißt den Sack instinktgemäß auf und leckt den Welpen, um dessen Atmung anzuregen. Ist dieser noch immer mit der Plazenta verbunden, durchbeißt die Mutter die Nabelschnur. Hat der Geburtsprozess begonnen, werden die folgenden Welpen oft (aber längst nicht immer!) in ziemlich rascher Folge, d. h. ungefähr im 30-Minuten-Takt, geboren.

Plazenta

Es ist wichtig, daß man darauf achtet, daß die Plazenta nach jedem Welpen ausgestoßen wird. Sie wird von der Mutterhündin meist sofort verschlungen – was ein normales Verhalten darstellt und gar nichts mit Kannibalismus zu tun hat. Wölfinnen benehmen sich genau gleich, denn indem die Nachgeburt weggeschafft wird, zieht sie viel weniger Räuber an. Sollte eine Plazenta im Mutterkörper zurückbleiben, kann dies zu einer ernsten Infektion führen.

Wurfstärke

In der Welpenzahl können die Unterschiede sehr auffällig sein. Größere Hunde mit entsprechend großem Fortpflanzungstrakt haben stärkere Würfe als kleinere, denn bei der Geburt sind sich die Welpen aller Rassen an Größe und Gewicht erstaunlich ähnlich. Die Obergrenze bei der Welpenzahl pro Wurf ist bei kleineren Rassen sechs, während größere Hündinnen bis 14 Junge auf die Welt bringen können.

Probleme

Befürchten Sie irgendwelche Schwierigkeiten im Verlauf der Geburt, nehmen Sie Kontakt mit ihrem Tierarzt auf. Das häufigste Problem ist die Steißlage, wo das Hundebaby mit dem Hinterteil voran geboren wird. Es kann dabei stecken bleiben, was fatale Konsequenzen hat, wenn es nicht unverzüglich befreit wird. Einige Rassen, vorwiegend jene mit großen Köpfen, z. B. die Bulldogge, haben beim Gebären viel eher Schwierigkeiten als andere.

SICHERHEIT

Wölfe wie Haushunde suchen sich eine ruhige Nische, um zu gebären. Höhlen und andere unterirdische Zufluchtsorte werden zu diesem Zweck von allen Wildhunden bevorzugt. Hier kann der Nachwuchs in relativer Sicherheit zurückbleiben, während seine Mutter auf Nahrungs- oder Wassersuche ist, um die Milchproduktion ständig aufrechtzuerhalten. Die Jungen bleiben fürs erste ganz nah beieinander, um möglichst keine Körperwärme zu verlieren.

FRÜHE KINDHEIT
Die Welpen im Wurf

Welpen sind ganz versessen darauf, alles mögliche zu untersuchen und zu erforschen, dementsprechend sind sie freilich auch gefährdet. Es wäre gut möglich, daß sich dieser Hund hier auf einmal den Blumentopf über den Kopf stülpte und ihn selbst nicht mehr losbrächte.

Gesunde Welpen wachsen erstaunlich schnell. Ihre Augen beginnen sich im Alter von etwa 14 Tagen zu öffnen, und bereits eine Woche später sind sie auch fähig zu hören. Die Mutter wacht sehr sorgsam über sie, so lange sie hilflos sind, und versorgt sie mit allem, was sie benötigen. Indem sie sie leckt, hält sie ihre Körperfunktionen intakt, bis sie mit etwa drei Wochen selbst anfangen herumzukriechen.

Zum selben Zeitpunkt beginnen die Welpen auch, selbst zu fressen, doch wird es noch mehrere Wochen dauern, bis sie selbständig werden. In dieser Lebensphase kommt es recht häufig vor, daß ihnen die Mutter das von ihr zuerst verschlungene Futter erbricht. Das ist ein völlig normales, von den wilden Vorfahren ererbtes Verhalten und daher kein Grund zur Sorge. Erbrochenes Futter mag auch für die Welpen etwas leichter verdaulich sein, da es bereits den Verdauungssäften im Magen der Mutterhündin ausgesetzt war (obgleich der hauptsächliche Verdauungsvorgang weiter unten im Verdauungstrakt, im Dünndarm, vonstatten geht).

Entwöhnung

Das Verhalten der Hündin ihren Jungen gegenüber ändert sich nun zusehends. Sie verbringt weniger Zeit mit ihnen und weist sie mitunter ab, wenn sie säugen wollen. Das hält sie dazu an, mehr festes Futter zu sich zu nehmen, was wiederum die Milchleistung verringert. Dennoch erhalten die Welpen ihre ersten Zähne erst mit ungefähr sechs Wochen.

Welpen sind alle im selben Alter entwöhnt; die zum Teil enormen Größenunterschiede unter den Rassen spielen dabei überhaupt keine Rolle. Erst nach der Entwöhnung nimmt das Wachstum je nach Hunderasse einen ganz anderen Umfang an. Die richtige Futtermenge für die Welpen ist deshalb wichtig. Sie benötigen im Durchschnitt etwa das Doppelte eines gleichgewichtigen ausgewachsenen Hundes.

Welpenwahl

Wollen wir uns einen Welpen auswählen, ist es ganz normal, daß wir uns den ganzen Wurf ansehen, während er noch mit seiner Mutter zusammenlebt. Erwerben wir den Welpen nämlich direkt beim Züchter, erfahren wir viel Genaueres über das Vorleben unseres Zöglings. Ist er in häuslicher Umgebung aufgewachsen, ist er instinktiv zutraulicher als ein Tier, das sein ganzes junges Leben in Zwingern verbracht hat. Es gibt eine entscheidende Zeitspanne, oft als Sozialisierungsphase bezeichnet, die vom dritten bis zum 14. Lebenstag des Welpen dauert. Hat er in diesem kurzen Lebensabschnitt keinen nahen Kontakt mit Menschen, besteht die Gefahr, daß er während seines ganzen Lebens mehr oder weniger scheu bleibt.

Wenn wir uns für einen Welpen entscheiden sollen, gibt es mehrere Aspekte in Betracht zu ziehen, so etwa auch, ob man seinen Vierbeiner später ausstellen möchte. Ein Welpe von preisgekrönten

Eltern ist im allgemeinen entsprechend teurer als einer mit weniger exklusiver Abstammung. Dafür kann dieser gewisse «Fehler» haben – etwa eine unregelmäßige Fellzeichnung. Die macht ihn zwar für den Showring ungeeignet, tangiert aber weder seine Gesundheit noch seinen Charakter im geringsten.

Haben Sie im Sinn, mit Ihrem Welpen später einmal zu züchten, dann schaffen Sie sich eine Hündin an. Manchmal sind Hündinnen auch anschmiegsamer als Rüden, und meist streunen sie auch weniger. Das einzige Problem ist ihre periodisch wiederkehrende Läufigkeit – es sei denn, man lasse sie kastrieren.

Oben: *Ein English Springer Spaniel mit fünf Wochen.*

Gesunder Welpe

Gesunde Welpen sind sehr lebhaft, wenn sie wach sind, anderseits schlafen sie auch ausgiebig, was ganz normal ist. Ihre Haut ist lose und geschmeidig, und sie sollten mollig wirken. Ihre Augen sollten klar sein und nicht tränen, und die Ohren müssen sauber sein.

Überprüfen sie das Fell auf Parasiten (siehe Seite 121) und werfen Sie einen Blick unter den Rutenansatz – Verschmutzung weist auf Durchfall hin, was nicht unbedingt besorgniserregend zu sein braucht. U. a. kann er mit einer Entwurmungskur zusammenhängen. Der Welpe sollte sich frei und uneingeschränkt bewegen und er sollte aufmerksam und neugierig sein.

Rechts: *Wenn Sie Welpen vom Boden aufnehmen, achten Sie darauf, ihre Hinterhand gut festzuhalten, um sie am Strampeln zu hindern. Im übrigen sollte man sie von frühem Alter an regelmäßig hochheben, um sie daran zu gewöhnen. So werden sie sich im späteren Leben nicht dagegen wehren.*

DER WELPE KOMMT INS HAUS
Grundsätzliches

Bevor Sie Ihren Welpen zum verabredeten Termin abholen, sollte zu Hause alles eingerichtet sein. Verlangen Sie vom Züchter einen Fütterungsplan und für die erste Zeit etwas Futter, welches der Welpe gewohnt ist. Das wird die Gefahr irgendwelcher Verdauungsstörungen sehr verringern. Allmählich können Sie die Nahrung umstellen, wenn sich Ihr Zögling in Ihrem Heim zurechtgefunden hat.

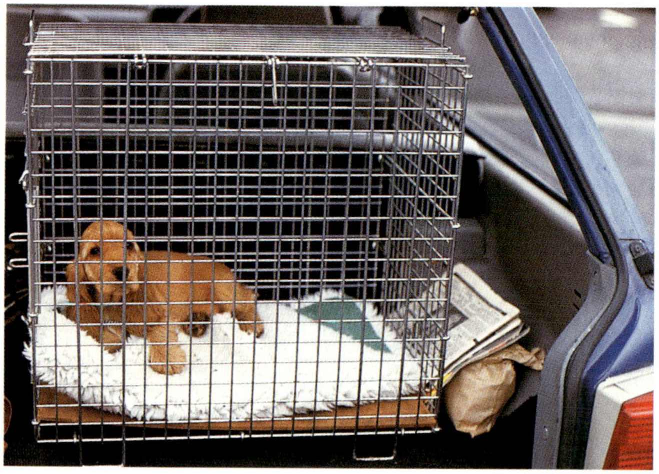

Es ist wichtig, daß ein Hund im Wagen sicher untergebracht ist. Dieser Tragkäfig ist dafür gut geeignet. Alles, was es dazu noch braucht, ist eine Decke und – falls der Hund noch sehr jung ist – eine Schicht alte Zeitungen darunter.

Welpentransport

Natürlich kann man den Welpen auf dem Heimweg in den Schoß nehmen. Sicherer und angenehmer aber ist ein Transportkäfig. Ein solcher ist auch praktisch, um den Hund z. B. zum Tierarzt zu bringen. Für kleinere Rassen kann er auch später zu Transportzwecken dienen. Große Rassen gehören im Wagen hinter ein Hundegitter im Hinterteil eines Stationswagens. Es ist im allgemeinen keine gute Idee, einen Hund im Auto frei zu halten. Immer kann so nämlich die Möglichkeit bestehen, daß der Fahrer durch ihn abgelenkt wird und dadurch einen Unfall verursacht. Zudem gibt es temperamentvolle Junghunde, die sich, im Wagen alleine gelassen, an der Innenausstattung zu schaffen machen.

Zu Hause

Zu Hause angekommen, wird es sehr bald das beste sein, den Welpen erst einmal schlafen zu lassen, denn ziemlich sicher wird er müde sein. Erst dann sollten Sie wirklich damit anfangen, ihn an sein neues Leben mit Ihnen zu gewöhnen. Welpen haben damit kaum Schwierigkeiten. Ältere Hunde dagegen haben gelegentlich etwas mehr Mühe, sich einzufügen. Sie können sich unter Umständen jungen Wölfen ähnlich verhalten, die, nachdem sie sich von ihrer Familie abgespalten haben, eine Zeitlang alleine umherwandern, bevor sie sich wieder einem Rudel anschließen.

Praktischer Hinweis

Es kann von Nutzen sein, seinem Hund einen Microchip einsetzen zu lassen, um ihn später jederzeit wieder identifizieren zu können. Der Chip hat die Größe eines Reiskorns und wird vom Veterinär unter die Haut eingesetzt. Er trägt einen Code, der von einem speziellen Lesegerät erkannt werden kann, wenn man mit diesem über die entsprechende Körperstelle fährt.

Welpen spielen oft sehr ausgelassen. Haben Sie neben ihm noch einen älteren Hund, so behalten Sie die beiden im Auge, um möglichst zu verhindern, daß das Spiel zu einer Streiterei eskaliert.

Falls Sie bereits einen älteren Hund haben, sollten sie vorsichtig sein, wenn sie ihm den Welpen vorstellen, um jeglichen Konflikt zu vermeiden. Er könnte sonst den Neuankömmling als Eindringling betrachten und angreifen. Das beste ist, sie auf «neutralem» Grund und Boden, in einem Park etwa, miteinander bekanntzumachen und dann mit ihnen nach Hause zu spazieren. Es ist nicht unbedingt empfehlenswert, sie ins Heck des Wagens zu packen, außer wenn sie sich ausgiebig kennengelernt und zusammen ausgetobt haben. Möglicherweise könnte sonst ein Streit mit bösen Folgen losbrechen.

Erste Ausrüstung

Manche Welpen (aber längst nicht alle!) streunen auf einem Spaziergang gerne herum und mögen es nicht sonderlich, herzukommen. Sie nach ihrer eigenen Lust und Laune frei laufen zu lassen, ist nicht sinnvoll. Viel besser ist es, sie an die Leine zu nehmen.

Ein Welpe sollte auch ein Halsband tragen lernen, und mit seiner Erziehung können Sie beginnen, sobald die ersten Impfungen erfolgt sind, d. h. schon bevor er drei Monate alt ist. Wenn Sie ein Halsband kaufen, müssen Sie an das Wachstum Ihres Hundes denken; kaufen Sie es also nicht zu kurz. Kontrollieren Sie auch gelegentlich, ob es nicht zu eng wird.

Für Hunde, die man beim Spazierengehen freiläßt, empfiehlt sich ein Halsband mit einem Schild, einem Medaillon oder einer Kapsel, wo Name und Adresse des Besitzers zu finden sind.

Es mag klug sein, Halsband und Leine gleichzeitig anzuschaffen, damit sie zueinander passen. Es kann sein, daß Sie eine farbige Nylonleine bevorzugen. Traditionelle Lederausrüstung ist jedoch ebenso dauerhaft und angenehmer in der Handhabung. Um einem Junghund das Zurückkommen beizubringen und um einem älteren Hund, den man nicht frei laufen lassen kann, mehr Bewegung zu ermöglichen, empfiehlt sich eine Auslaufleine. Sie kann je nach Länge so weit ausgerollt werden, daß der Hund einen recht großen Freiraum hat, ohne plötzlich abhauen zu können.

ERZIEHEN &

BEWEGEN

Innerhalb des Rudels lernt der Jungwolf die zum Überleben notwendigen Fertigkeiten – und dies oft in unwirtlichem Gelände – indem er dem Beispiel der älteren Rudelmitglieder folgt. Mit zunehmender Domestikation hat man durch Wahlzucht diese Fähigkeit verstärkt, so daß Hundewelpen ihrem Erzieher je nach Rasse eine mehr oder minder große Lernbereitschaft entgegenbringen. Was bei den Wölfen also dazu dient, die soziale Verknüpfung aufrechtzuerhalten, ist beim Hund geeignet, die Bindung zwischen ihm und seinem Besitzer enger zu gestalten. Die Erziehungsbereitschaft ist bei gewissen Haushundegruppen wesentlich höher entwickelt als bei anderen. Dies ist besonders bei den Gundogs deutlich, die es gewohnt sind, eng mit dem Jäger zusammenzuarbeiten. Dagegen sind Meutehunde, die dem Wild unter Umständen stundenlang und ohne menschlichen Kontakt folgen, von Natur aus unabhängiger. Im weiteren müssen Sie sich bewußt sein, daß Hunde ihrer Herkunft gemäß Laufraubtiere sind und je nach Rasse einen mehr oder minder starken Bewegungsdrang haben. Und auch diesen gilt es selbstverständlich zufriedenzustellen.

ERZIEHUNG
Erste Schritte

Erziehung mag manchmal als eine eher einseitige Aktivität betrachtet werden, wenn man annimmt, es sei einfach der Hundebesitzer, der seinem Tier seinen Willen aufzwinge. Der wahre Grund jedoch, warum sich ein Hund so leicht erziehen und zu bestimmten Zwecken ausbilden läßt, hat im wesentlichen mit der Sozialstruktur des Wolfsrudels zu tun. Die Domestikation hat das unterwürfige Verhalten des Wolfes genutzt und gewissermaßen kultiviert.

Junge Welpen wie dieser English Springer Spaniel sind eifrige Schüler. Denken Sie aber daran, daß sie sich immer nur für kurze Zeit konzentrieren können. Lektionen dürfen daher in diesem Alter stets nur wenige Minuten dauern.

Von einer vernünftigen Erziehung profitiert gerade auch der Hund selbst. Ist er gehorsam, rennt er nicht einfach auf und davon, sobald man ihn von der Leine läßt. So ist es für den Besitzer viel einfacher, gefährliche Situationen zu vermeiden und seinem Vierbeiner dennoch eine größtmögliche Freiheit zu gewähren. Bei den heutigen Verkehrsverhältnissen ist dies von ganz besonderer Bedeutung. Auch daheim ist ein Hund ein viel angenehmerer Hausgenosse, wenn er sich einer gewissen Ordnung zu unterziehen gelernt hat.

Stubenerziehung

Hunde jeden Alters sprechen sehr gut auf Routine an, denn einer solchen folgt auch der Wolf in der Wildnis, indem er zu bestimmten Tageszeiten auf Nahrungssuche geht und zu anderen ruht. Gewöhnen Sie sich an, Ihren Junghund zu ungefähr denselben Tageszeiten zu füttern. Schließen sie das Versäuberungstraining an jede Fütterung an, indem Sie den Hund nach dem Fressen immer an dieselbe Stelle in Ihrem Garten bringen. Nahrungsaufnahme stimuliert nämlich die Verdauung, und deshalb ist die Wahrscheinlichkeit danach am größten, daß Ihr Vierbeiner «muß».

Hunde sind von Natur aus saubere Tiere, und der Welpe wird rasch einmal kapieren, was von ihm verlangt wird. Es wird gar nicht lange dauern, und er wird regelmäßig zu seinem bestimmten Ort zurückkehren, um sich zu versäubern, genau wie dies Wildhunde auch tun. Der südostasiatische Rothund, der in Rudeln lebt wie der Grauwolf, hat sogar spezielle Versäuberungsplätze, die von sämtlichen Rudelmitgliedern benutzt werden und sich in angemessener Distanz zu ihren Bauten befinden. Diese selbst werden niemals beschmutzt.

Haltung im Freien

Bleiben Sie anfänglich bei ihrem Junghund, wenn er seine Zeit im Garten verbringt, um ganz sicher zu sein, daß ihm nichts zustößt. Auf jeden Fall sollten Sie auch die Umzäunung Ihres Gartens sehr sorgfältig auf

Praktischer Hinweis

Würge-Kettenhalsbänder sind eine populäre Erziehungshilfe, um Hunden das Ziehen an der Leine abzugewöhnen. Sie müssen jedoch richtig angewandt werden, sonst können sie Verletzungen verursachen. Trägt Ihr Hund normalerweise eine andere Halsung, müssen Sie ihm diese zuerst abnehmen, bevor Sie ihm den Kettenwürger überziehen. Legt sich der Hund nicht in die Leine, sollte jener ganz locker um den Hals hängen und nicht geringstes Unbehagen verursachen. Der Sinn des Ganzen ist ja, daß Ihr Junghund durch das Würgen der Kette umgehend lernt, sich Ihrem Schritt anzupassen, anstatt Sie durch die Gegend zu ziehen.

allfällige Schlupflöcher oder lose Stellen prüfen. Es braucht ein nur relativ kleines Loch, damit ein Welpe entwischt. Wenn nötig, wird er auch auf dem Bauch unter einem Zaun oder einem Gartentor durchkriechen. Solche potentiellen Fluchtwege sollte man gleich zu Beginn verstopfen und nach Möglichkeit nicht erst, wenn sie ein Hund bereits mit Erfolg ausprobiert hat. Dann wird es für Sie um so schwieriger, sie zu schließen, und Ihr Vierbeiner kann sich überdies bei einem erneuten Ausbruchsversuch ernstlich verletzen, wenn Sie Ihre Maßnahmen nicht gründlich genug getroffen haben. Denken Sie auch daran, gleich von Anfang über eine Haftpflichtversicherung zu verfügen, in welcher ihr Hund mit eingeschlossen ist. Könnte er doch in Zukunft allerhand anstellen (z. B. weglaufen und einen Verkehrsunfall verursachen), für das Sie als Halter die Verantwortung übernehmen müssten.

Es ist wichtig, den Welpen immer im Auge zu behalten, um zu verhindern, daß ihm etwas zustößt. Läßt man ihn zudem lange allein, wird er sich langweilen und möglicherweise auf allerhand dumme Gedanken kommen.

Praktischer Hinweis

Heutzutage gibt es Erziehungskurse schon für sehr junge Hunde. Details über lokale Angebote dieser Art erfahren Sie bei Veterinären, Hundevereinen in Dörfern und Städten sowie auf Kommunalverwaltungen. An gewissen Orten gibt es auch z. T. bekannte und gute Hundeschulen. Und sind einmal die Grundlagen gemeistert, gibt es auch Kurse für Fortgeschrittene.

Bedeutung regelmäßigen Trainings

Beginnen Sie Ihre regelmäßige Erziehung damit, daß Sie Ihren Junghund dazu ermuntern, korrekt an der Leine zu gehen. Es kann nützlich sein, ihn einem Zaun oder einer Mauer entlang zu führen, denn so muß er sich wenigstens geradeaus bewegen. Fast todsicher wird er nun aber nach vorn ziehen, worauf Sie unverzüglich mit einem Ruck an der Leine und dem Kommando «Fuß» reagieren müssen. Halten Sie auch einen Moment an und nehmen sie den Hund in die korrekte Position.

Junghunde sind von Natur aus enthusiastische Schüler, so lange etwas läuft. Nutzen Sie deshalb diese Energie, indem Sie Ihre Erziehungslektionen anfänglich möglichst spielerisch gestalten. Zudem sollten sie stets kurz sein. Ein Maximum von zehn Minuten auf einmal dürfte zu Beginn angemessen sein. Und denken Sie stets daran: Ein paar knapp gehaltene Übungen pro Tag sind viel besser als eine Marathonlektion!

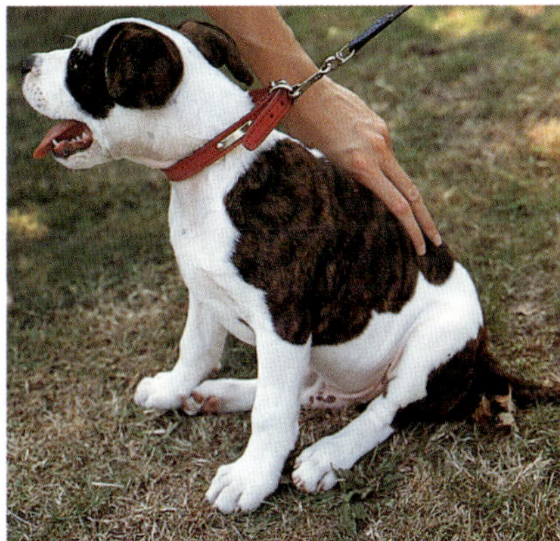

Welpen lernen das Kommando «Sitz!» ohne viel Probleme, da sie diese Stellung auch von selbst sehr häufig einnehmen. Es gibt verschiedene Möglichkeiten, sie ihnen beizubringen. Entweder tut man es im Zusammenhang mit dem Leinentraining oder unmittelbar vor der Futterverabreichung. Falls sich der Welpe nicht wie gewünscht verhält, wiederholen Sie das Kommando und drücken dabei sanft auf seine Hinterhand (oberes Bild). Der Hund hat dann eine kurze Zeit in dieser Position auszuharren, was Sie unbedingt mit einem lobenden Wort quittieren müssen.

Welpen sind sich bei der Geburt alle recht nahe in Größe und Gewicht. Das bedeutet natürlich, daß große Rassen, wie z. B. diese junge Deutsche Dogge, anschließend viel schneller wachsen als kleinere. Überfordern Sie deshalb Angehörige von Großrassen im Welpenalter nicht, denn dies könnte sie für immer schädigen.

Disziplin

Erziehung soll unbedingt etwas Positives für Ihren Hund sein, denn nur so wird er sich mit Freude in der von Ihnen gewünschten Weise verhalten. Doch eines ist klar: Es wird Momente geben, in denen Sie mit seinem Benehmen nicht einverstanden sind und ihn tadeln müssen. Die Stimme ist in der Tat eines der wirksamsten Hilfsmittel des Erziehers, vergleichbar dem knurrenden Drohen des Wolfsrudelchefs. Der Junghund wird die Schelte akzeptieren und Ihren Mißmut mit hängenden Ohren und Sündermiene zur Kenntnis nehmen.

Verschmutzen der Wohnung – was tun?

Trotz allem, es gibt Augenblicke, in denen Tadel kaum wirksam ist; da können Sie noch so erzürnt sein. Das ist vor allem dann der Fall, wenn ein Welpe die Wohnung als Toilette benutzt hat. Es ist völlig sinnlos, ihm die Nase im verschmutzten Teppich herumzudrücken oder ihn anzuschreien. Denn er wird ganz einfach nicht imstande sein, Ihren Zorn zu verstehen – es sei denn, Sie ertappen ihn auf frischer Tat.

Der Situation läßt sich viel besser durch Vorbeugung begegnen. Versuchen Sie vorauszusehen, wann sich Ihr junger Hund versäubern möchte und bringen Sie ihn dann nach draußen. Denn es werden mit Sicherheit wenigstens sechs Monate vergehen, bis er Ihnen anzeigt, daß er hinausgehen muß.

Wenn der Hund einmal angefangen hat, seine Sache im Haus zu machen, besteht eine besondere Schwierigkeit darin, daß er, wie Wildhunde auch, durch den Geruch immer wieder zu denselben Stellen hingezogen wird. Nach einer gründlichen Reinigung empfiehlt es sich deshalb, noch einen guten Geruchsbeseitiger anzuwenden.

Sollten Sie einmal ausgehen und dabei vermuten, daß Sie sich verspäten könnten, sperren Sie den Hund ausnahmsweise in einen Teil des Hauses, der leicht zu putzen ist, so z. B. ins Badezimmer. Aber vergessen Sie bitte nicht, ihm dort wenigstens sein Bett und einen Wassernapf hinzustellen. Um die nach Ihrer Heimkehr wahrscheinlich anfallende Reinigungsarbeit etwas einfacher zu gestalten, können Sie den Plattenboden mit Zeitungen auslegen, die immerhin den Urin aufsaugen werden.

Abgewöhnen schlechter Gewohnheiten

Die Aufregung Ihres Welpen bei der Begrüßung wird meistens darin resultieren, daß er an Ihnen hoch-

Praktischer Hinweis

Vergessen Sie nie, Ihren Hund zu loben, wenn er sich richtig verhält, aber geben Sie ihm nicht bei jeder kleinsten Gelegenheit einen Leckerbissen, denn das könnte sonst leicht zu einer Gewohnheit werden.

Sobald ein Hund das Sitzen kapiert hat, kann man ihm auch ohne große Schwierigkeiten das Pfötchengeben beibringen. Hundeerziehung und -ausbildung heißt, Schritt um Schritt vorwärtszugehen.

Beim Spiel ist meistens eines der beteiligten Individuen dominant über das andere, was bei diesen beiden Dobermännern deutlich erkennbar ist. Der dominante Hund besteigt den Rücken des andern.

springt. Dies mag jetzt noch kein Problem bedeuten, wenngleich er mit seinen scharfen Krallen ordentlich kratzen kann. Ein großer erwachsener Hund aber ist leicht imstande, ein Kind über den Haufen zu werfen. Aus diesem Grund ist es von Vorteil, von Anfang an auf annehmbare Manieren zu achten – denn schlechte später auszumerzen, ist um vieles mühsamer. Das verlangt natürlich auch Konsequenz Ihrerseits. Es ist absolut unfair, einem Welpen zu gestatten, es sich auf Sesseln bequem zu machen oder bei Ihnen im Bett zu schlafen, wenn er als Erwachsener wieder darauf verzichten soll.

Springt der Hund an Ihnen hoch, so ist dies ein natürlicher Ausdruck von Überschwang, den auch Wölfe und Wildhunde kennen. Ein gutes Mittel, ihn in seinem Übermut in den Griff zu bekommen, ist es, ihn sitzen zu heißen. «Sitz!» ist ein Kommando, das man in jeder Situation geben sollte, in welcher der Hund allzu übermütig wird und sich dementsprechend schlecht benimmt.

RUDELBEFEHLE

Weshalb man Hunde erziehen und ausbilden kann, hat sehr viel mit ihren Vorfahren zu tun. Wölfe lernen und befolgen strikte Verhaltensregeln innerhalb ihres Rudels. Im Falle des Hundes ist es der Erzieher, der die Rolle des dominanten Rudelchefs übernimmt, und ersterer paßt sich dieser Hierarchie an und verhält sich so, wie es von ihm verlangt wird. In enger Anlehnung an den Wolf gibt es für einen Hund auch keine wirksamere Strafe, als ihn beim losen Nackenfell zu packen und zu schütteln.

Territorien und Impfungen

Weil Hunde meist einzeln und nicht wie die Wölfe in Rudeln leben, schaffen sie sich auch nicht so klar abgegrenzte Territorien. Diese bedeuten nicht nur Sicherheit im Zusammenhang mit der Beutebeschaffung, sondern können auch als Barriere gegen Krankheiten wirken. Eine solche besteht für unsere Haushunde nicht, insbesondere für jene nicht, die in relativ hoher Dichte in städtischen Gebieten leben. Krankheiten können sich rasch ausbreiten in Parkanlagen und ähnlichen Gebieten, wo Hunde bewegt werden und stets auch streunende Tiere vorhanden sind.

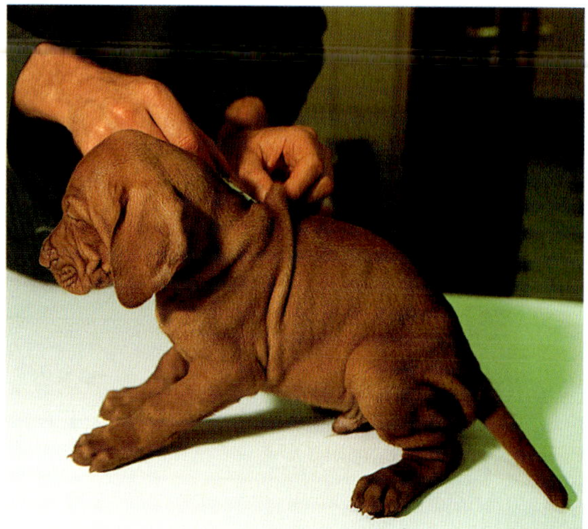

Die lose Nackenhaut macht Impfungen möglich, ohne einen Welpen zu ängstigen. Der Schutz gegen tödliche Krankheiten, wie z. B. Staupe, muß immer wieder aufgefrischt werden, auch wenn sie nicht mehr so häufig aufzutreten scheinen wie früher.

Krankheitsgefahr

Bevor man deshalb mit einem Welpen auf die Straße geht, ist es lebensnotwendig für ihn, daß er voll geschützt ist gegen die tödlich verlaufenden Hundekrankheiten. Welpen erhalten im allgemeinen ihre erste Impfung mit etwa acht Wochen, wenngleich dies für sie noch keinen absoluten Schutz bedeutet. Deshalb verabreicht man ihnen eine zweite Dosis, wenn sie zwölf Wochen alt sind. Daraufhin sind jährliche Auffrischungen das ganze Hundeleben hindurch notwendig. Es ist wichtig, den Impfschutz bis ins Alter aufrechtzuerhalten, da auch beim Hund die Abwehrkraft des Körpers mit dem Älterwerden nachlassen kann. (Tollwut und Tollwut-Schutzimpfung siehe Seiten 118/119.)

Ihr Veterinär händigt Ihnen ein Impfzeugnis aus, das bei anderen wichtigen Ausweispapieren an einem sicheren Ort aufbewahrt werden sollte. Es gibt immer wieder Gelegenheiten, bei denen das Zeugnis vorgewiesen werden muß: z. B. wenn Sie Ihren Hund in ein Tierferienheim oder zu einer Ausstellung bringen oder wenn Sie an Kursen in Hundeschulen oder -clubs teilnehmen. Abgesehen davon, daß Ihr Hund

Übungen sollten zuerst in einem Hof oder an einem anderen ruhigen Ort durchgeführt werden, wo möglichst keine offensichtlichen Ablenkungen vorhanden sind. Dies wird Ihnen die Garantie geben, die Aufmerksamkeit des Hundes für sich zu haben. Erst wenn die Grundlektionen gemeistert sind, sollten Sie mit Ihrem Tier ohne Leine arbeiten.

dort eine gute Ausbildung erhalten mag, bekommt er auch Gelegenheit, mit fremden Hunden zusammenzutreffen. Das kann sehr bedeutsam sein, vor allem für einen Welpen, der mit seinem Besitzer oder seiner Besitzerfamilie als Einzelhund lebt. Er wird so später viel weniger feindselig reagieren, wenn er etwa auf einem Spaziergang einen anderen Hund antrifft.

Praktischer Hinweis

Versuchen Sie, für die Spaziergänge mit Ihrem Hund eine Routine einzuhalten. Er wird sich diese bald einmal merken und wird Unruhe zeigen, wenn Sie davon abweichen. Zwei Spaziergänge täglich sind zu empfehlen, einer am Morgen und einer am Abend.

Ausbildung in fremder Umgebung

Hat man die erzieherischen Grundlagen in Haus und Garten erst einmal im Griff, kommt man zum Punkt, wo man dieselben Lektionen mit seinem Junghund in fremdem Gelände ausführen möchte. Versuchen Sie, anfänglich einen ruhigen Ort dafür zu finden, fern von Straßen, anderen Hunden, Kühen etc. Seien Sie aber trotzdem nicht überrascht, wenn Ihr Hund in dieser ihm fremden Gegend nicht so auf Sie anspricht, wie Sie gehofft hatten. Auch wenn Sie den Platz noch so sorgfältig ausgewählt haben, weist er immer noch eine ganze Menge aufregender Ablenkungen auf, wie interessante Gerüche und unbekannte Geräusche.

Eine Ausziehleine ist ein sehr nützliches Hilfsgerät, bis Sie sicher sind, daß sich Ihr Hund gesittet aufführt und nicht danach trachtet abzuhauen. Sie verschafft Ihnen viele Übungsmöglichkeiten. So können Sie die Leine z. B. ausrollen lassen, dann dem Hund befehlen, zu warten und sich zu setzen, während Sie auf ihn zugehen und dabei die Leine wieder aufwinden.

Es kann hilfreich sein, einen Freund oder ein Familienmitglied bei diesen Übungen dabei zu haben. Besonders dann, wenn man den Hund zu sich rufen will, ist es nützlich, wenn dieser von jemandem festgehalten wird, während man sich von ihm wegbegibt. Bei vielen Hunden ist es trotzdem von Vorteil, wenn man sie zuerst an eine ausrollbare Leine nimmt – ihre Neugier wird sie sonst fast unweigerlich dazu verleiten, wegzulaufen anstatt auf Kommando zurückzukommen.

Sagen Sie Ihrer Hilfsperson, sie solle den Zögling bei sich im «Sitz» festhalten, worauf Sie die Leine ganz aufrollen und dann stehenbleiben. Auf Ihr Kommando, das Sie durch einen gleichzeitigen Ruck an der Leine unterstützen, wird der Hund mit Sicherheit geradewegs auf Sie zurennen, sobald Ihr Gehilfe ihn losläßt. Sparen Sie nicht mit Lob, wenn er bei Ihnen angekommen ist.

Praktischer Hinweis

Geht ein Hund immer weiter von Ihnen weg, wenn Sie ihn zum erstenmal von der Leine lassen, bleiben Sie besser stehen, statt ihm nachzulaufen, um ihn einzufangen. Sonst wird er annehmen, das Ganze sei ein Spiel, und sich möglicherweise noch weiter entfernen.

BEWEGUNG
Gefahren im Freien

Ist Ihr Hund erst einmal erzogen, können Sie ihm auf Spaziergängen viel mehr Freiheit lassen. Hindern Sie ihn jedoch daran, sich außer Sicht zu begeben. Sollte er nämlich in irgendwelche Schwierigkeiten geraten, wären Sie außerstande, ihm zu Hilfe zu kommen.

Zwei afrikanische Jagdhunde – ein Basenji (links) und ein Azawakh (rechts) – kommen zum erstenmal zusammen. In den allermeisten Fällen gehen solche Zusammentreffen gut aus, doch gelegentlich wird aggressives Verhalten demonstriert. Und davor sollte man jederzeit auf der Hut sein.

Verlorener Hund

Ist Ihr Hund tatsächlich verschwunden, ohne daß Sie irgendwelche Anzeichen dafür haben, wohin er gegangen sein könnte, und kehrt auf Ihre Rufe hin nicht zurück, dann gehen Sie nicht einfach weiter. Bleiben Sie gut zehn Minuten am Ort, wo er sich Ihrer Meinung nach von Ihnen getrennt hat. Sind Sie mit dem Wagen in der Gegend, ist es allerdings sehr wohl möglich, daß er dorthin zurückgekehrt ist und auf Sie wartet.

Wenn sich herausstellt, daß dies nicht der Fall ist, gilt es, unverzüglich verschiedene Stellen zu informieren. Melden Sie Ihren Verlust der Polizei, allfälligen Tierheimen in der näheren Umgebung sowie der Jägerschaft. Inserate in Ladenfenstern und in Lokalzeitungen mögen ihre Wirkung tun, und es gibt auch Lokalradios, welche verlorene und gefundene Tiere melden. Hilfreich kann auch sein, mit Freunden zurückzukehren, um die Suche nochmals aufzunehmen.

Was oft gute Dienste leisten kann, wenn man mit seinem Hund unterwegs ist, ist ein Mobiltelefon, besonders, wenn man sich auf wenig begangene Waldwege begibt. Sollte Ihnen oder Ihrem Hund etwas zustoßen, können Sie so ohne Verzug Hilfe erhalten.

Giftschlangen

In vielen Gebieten kommen, wenn auch selten häufig, Giftschlangen vor, die für Hunde ein Risiko darstellen, insbesondere für Junghunde. Diesen mangelt es an der Vorsicht älterer Artgenossen, was in einem für sie tödlichen Biß enden kann. Haben Sie die Vermutung, Ihr Hund sei von einer Schlange gebissen worden, so versuchen Sie, das Gift daran zu hindern, sich im ganzen Körper zu verteilen. Bringen Sie oberhalb des Bisses eine Kompresse an, die allerdings nicht allzu fest sein sollte. Pfoten und Läufe sind Bissen am ehesten ausgesetzt – am gefährlichsten für den Hund ist es, wenn das Gesicht betroffen ist.

Das Fell um den Biß herum erscheint meist etwas feucht und die beiden feinen Löcher, verursacht durch die Giftzähne der Schlange, sind bei näherer Untersuchung erkennbar. Hören Sie Ihren Welpen aufjaulen

Praktischer Hinweis

Kaufen Sie ein sicheres Spielzeug für Ihren Hund, das er auf den Spaziergängen apportieren kann, statt ihm ständig alle möglichen Stöcke zu werfen, die stets eine gewisse Verletzungsgefahr bedeuten.

Praktischer Hinweis

Meiden Sie Gegenden mit verborgenen Gefahren wie Wasserfällen oder alten Minenschächten, wenn Sie Ihren Hund bewegen. Es ist auch besser, den Hund angeleint zu behalten, wenn man sich an der Küste oder im Gebirge entlang von Felskanten bewegt.

und sind nahe genug, um die Schlange zu sehen, so versuchen Sie, diese zu identifizieren. Wenigstens sollten Sie sich möglichst genau merken, wie sie ausgesehen hat. Anhand Ihrer Beschreibung wird der Veterinär eher in der Lage sein, das entsprechende Gegengift zu verwenden. Das ist vor allem in Gegenden von Bedeutung, wo mehr als eine Giftschlangenart vorkommt.

Eis und Wasser

Zu gewissen Jahreszeiten können bestimmte Routen für Hundespaziergänge riskanter werden als sonst, besonders solche, die nahe am Wasser sind. Dann ist es klüger, wenn man sie vor allem mit einem Junghund meidet. Dünne Eisschichten auf dem Wasser etwa können einen etwas unvorsichtigen Hund unnötiger Gefahr aussetzen, obwohl das Körpergewicht eines Vierbeiners besser verteilt ist als bei uns Menschen, und das Risiko einzusinken entsprechend geringer ist.

Das Setzen von Duftmarken ist für Hunde selbstverständlich, besonders für die Rüden. Sie heben immer wieder einen ihrer Hinterläufe, um ihre eigene Duftnote an markanten Stellen zu hinterlassen. Sehr beliebt sind etwa Laternenpfähle, Säulen, Haus- und Mauerecken. Es ist sehr wohl möglich, an solchen Stellen im Urin übertragene Krankheiten aufzulesen, werden sie doch stets intensiv nach Informationen abgeschnüffelt. Vor allem deshalb ist es empfehlenswert, seinen Vierbeiner von ihnen fernzuhalten.

Lassen Sie sich niemals dazu verleiten, Ihrem Hund über eine Eisdecke nachzulaufen, denn sie könnte sehr leicht nachgeben, worauf Sie höchstwahrscheinlich beide zusammen ins eiskalte Wasser durchbrechen würden. Und seien Sie sich bewußt, daß die Überlebenschancen unter diesen Umständen für Ihren Hund wesentlich größer wären als für Sie. Ein recht dickes Fell schützt gut gegen Kälte, und zudem wird er es auch leichter haben, wieder auf festes Eis oder ans Ufer zu gelangen.

Küste und Klippen

Verbieten Sie Ihrem Hund, entlang von Molen und Buhnen abgeleint herumzustreifen. Sehr leicht könnte er auf dem schlüpfrigen Grund ausrutschen, ins Wasser fallen und schließlich durch die Strömung ins Meer hinausgetragen werden. Und wenn Sie Ihren Hund mit an den Strand nehmen, sorgen Sie dafür, daß er andere Strandbesucher nicht belästigt. Nehmen Sie auch stets frisches Wasser samt Trinkgeschirr für ihn mit.

Manche Hunde sind von Natur aus hervorragende Schwimmer. Seien Sie aber trotzdem immer vorsichtig, speziell am Meer, denn Strömungen können gefährlich sein.

Kommunika

TION & VERHALTEN

Hunde kommunizieren ähnlich wie Wölfe, wobei sie häufiger Lautäußerungen von sich geben als ihre wilden Verwandten. Diese sind scheuer und verraten weniger gern auf solche Weise ihren jeweiligen Aufenthaltsort. Das Hinterlassen von Duftmarken ist für alle beide sehr wichtig. Der Urin dient als Indikator des gesellschaftlichen Ranges eines Hundes und ist zudem eine Art Visitenkarte, welche die Rüden an Laternenpfosten, Bäumen und ähnlichen auffälligen Orten hinterlassen, an denen regelmäßig andere Hunde vorbeigehen. Wenn Hunde oder Wölfe sich begegnen, gibt ihre Körpersprache feine Hinweise darauf, ob das Aufeinandertreffen friedlich verlaufen oder zu einer feindseligen Auseinandersetzung führen wird. Hunde verwenden klar vorgegebene Gesten von zunehmender Intensität zur Abschreckung, bevor es tatsächlich zu Gewaltanwendung kommt. Oft können Konflikte so ohne Verletzungsrisiko beigelegt werden.

KOMMUNIKATION
Bellen

Die Angehörigen eines Wolfsrudels bleiben durch Heulen untereinander in Kontakt. Ihr Lautgeben ertönt weit in die Landschaft hinaus, und es besteht dabei das Risiko, daß bestimmte Wölfe ihren Standort nicht nur ihren Rudelgenossen mitteilen, sondern auch Nachbarrudeln, die unter Umständen das Territorium für sich selbst in Anspruch zu nehmen trachten. Das ist der Grund, warum Wölfe das Geheul ihrer Nachbarn nicht immer beantworten.

Des Nachts kann das Heulen der Wölfe unheimlich tönen und ist auf weite Distanzen vernehmbar.

Die Fähigkeit des Hundes, Gefahren zu spüren und entsprechende Bedrohungen durch Bellen anzuzeigen, war ganz klar seit Beginn des Domestikationsprozesses von großem Vorteil. Allein schon das Gebell eines Hundes konnte genügen, um einen möglichen Angreifer oder Dieb zu vertreiben. Das Bellen wurde, im Unterschied zum Heulen, als positives Merkmal betrachtet und von den Hundebesitzern bewußt gefördert.

Auf kurze Distanz verläßt sich ein Hund auf die Augen, um seinen Besitzer zu erkennen. Haushunde neigen dazu, wesentlich geräuschvoller zu sein als Wölfe und bellen andauernd, wenn sie einen Fremden wahrnehmen oder irgendeine vermeintliche Gefahr. Beiläufigeres Bellen mag auf eine sich in der Nähe aufhaltende Katze hindeuten.

Unterschiedliches Bellen

Unter anderem weichen die verschiedenen Arten und Klangfarben beim Bellen aufgrund der Rassenzugehörigkeit voneinander ab. Das Heulen ist vorwiegend ein Kennzeichen der aus dem hohen Norden stammenden Hunde, die auch ihrem Aussehen nach den Wölfen am nächsten stehen. Diese sogenannten Schlittenhunde, wie der Siberian Husky oder der Alaskan Malamute praktizieren Gemeinschaftsheulen genau wie die Wölfe. Sie kommunizieren auf diese Weise jedoch stets nur, wenn sie stillstehen.

Viele Laufhunde haben ein langgezogenes Bellen (eine Art Heulbellen), das sie einerseits verwenden, um mit den Meutegenossen, etwa im Unterholz, in Kontakt zu bleiben, und vor allem selbstverständlich dann, wenn sie einer Spur oder Fährte folgen. Der Klang des Bellens sagt nicht unbedingt etwas über die Größe des betreffenden Hundes aus. Einige kleine Rassen, z. B. der Cavalier King Charles Spaniel, haben eine relativ tiefe Stimme, die auf einen viel imposanteren Hund schließen ließe. Im weiteren gehören die kleineren Hunde im allgemeinen zu den lärmigsten.

Kontrolliertes Bellen

Es ist durchaus möglich, Hunden beizubringen, nicht zu bellen. Man kann sie zu diesem Zweck auch operieren, wie dies im Norden Europas während des Ersten Weltkrieges geschah. Damals wurden viele Hunde in den Schützengräben als Meldeläufer eingesetzt. Hätten sie aus welchem Grund auch immer dabei plötzlich einmal gebellt, hätte das schlimmste Konsequenzen haben können.

Umgekehrt kann Bellen natürlich auch erwünscht sein, z.B., wenn es darum geht, uns auf jemanden an der Haustür aufmerksam zu machen. Hier ist es aber ebenso wichtig, den Hund zu lehren, wann er wieder aufzuhören hat, dann nämlich, wenn wir die Situation erkannt und im Griff haben. Es ist vorteilhaft, dies schon einem Junghund beibringen.

Bellen wird oft ausgelöst durch Erregung, darum ist es wichtig, dafür zu sorgen, daß bereits ein junger Hund möglichst wenig Anlaß zu Aufregung hat und somit lernt, ruhig zu bleiben. Ein überempfindlicher, ständig kläffender Hund kann, vor allem auch im Hinblick auf Besucher, ausgesprochen lästig sein. Das Bellen setzt im frühen Welpenalter, d. h. mit ca. drei Wochen ein.

Probleme rund ums Bellen

Bellen kann auch Probleme schaffen. Es gibt Hunde, die damit anfangen, wenn sie ihre Besitzer weggehen sehen und erst bei deren Rückkehr wieder aufhören. Das kann sehr störend sein, insbesondere für die Nachbarn, und führt häufig zu Klagen und schlechter Stimmung. Man spricht in solchen Fällen von Trennungsangst, die am ehesten bei Hunden in Erscheinung tritt, die einen Teil ihres Lebens ständig in Zwingern verbracht haben.

Wenn Sie Ihren Hund allein lassen müssen, geben Sie ihm zuerst ausgiebig Bewegung. So wird er sich anschließend viel weniger nach Ihnen sehnen, sondern möglicherweise ruhig schlafen. Das Radio laufen zu lassen, kann ebenfalls nützlich sein.

Trennungsangst

Wie viele andere Verhaltensstörungen kann man auch der Trennungsangst normalerweise mit Geduld beikommen, vorausgesetzt, der Besitzer hat die Situation erkannt. Denken Sie stets daran, daß sich der Hund so und nicht anders benimmt, weil er verzweifelt und aufgewühlt ist und nicht etwa, weil er Sie ärgern will. Haushunde haben eben nach wie vor den Rudelinstinkt des Wolfes beibehalten, wenn auch dieser Zug in gewissen Rassen, z. B. den Bracken, noch stärker verankert ist als bei anderen.

Der Hund verhält sich zu seinem Besitzer wie zu einem Meutegefährten, und so bellt er eben, wenn er zurückgelassen wird und sich isoliert fühlt. Schließlich ist er ja völlig im Ungewissen darüber, wann und ob überhaupt sein Besitzer wieder zurückkehrt. Sobald er dessen Schritte oder Stimme vernimmt, hört solch ärgerliches Benehmen auf, und zwar einfach deshalb, weil seine Ursache verschwunden ist.

Die eigentliche Behandlung von Trennungsangst erfolgt, indem Sie während ungleich langen Zeitspannen Ihr Heim verlassen, immer so zwischen fünf Minuten und einer halben Stunde. Bleiben Sie aber ständig in Hörweite. Falls Ihr Hund bellt und an der Tür kratzt, nehmen Sie dies einfach nicht zur Kenntnis, wenn Sie Ihr Haus oder Ihre Wohnung wieder betreten. Sobald er sich aber einmal still verhält, müssen Sie ihn ausgiebig loben.

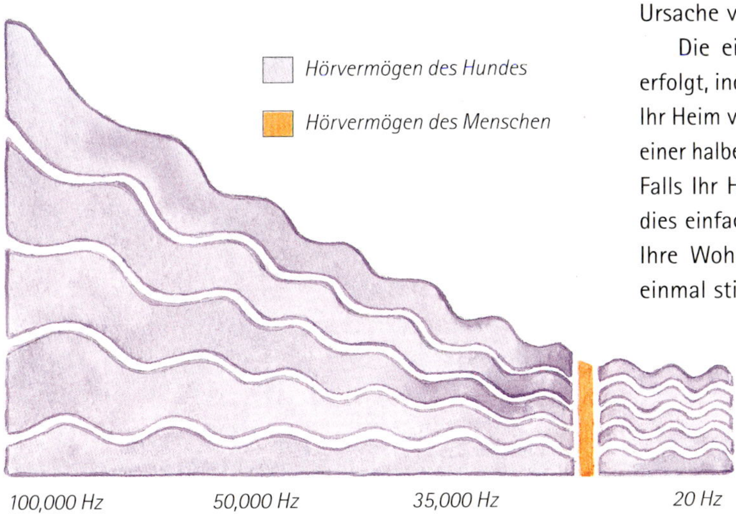

Hunde haben ein viel feineres Gehör als wir. Sie sind imstande, Töne von höherer Frequenz wahrzunehmen und können deshalb Geräusche hören, die für unsere Ohren längst nicht mehr vernehmbar sind.

Haushunde sind bestrebt, Territorien zu errichten und sie zu markieren, genau wie dies die Wölfe auch tun. Nur ist ihr Instinkt diesbezüglich im allgemeinen nicht so stark, was mit dem Umstand zusammenhängen mag, daß Hunde meist alleine und nicht in Rudeln leben.

Gerüche und Geruchsinn

Hunde sind außerordentlich auf Duftmarken angewiesen, womit sie ihre Präsenz in einer bestimmten Umgebung bekanntmachen. Genau gleich markiert ein Wolfsrudel die Grenzen seines Territoriums. Es wird Ihnen auffallen, daß Ihr Hund, sofern Sie auf Ihren Spaziergängen immer die gleiche Route wählen, stets dieselben Orte, wie die bereits erwähnten Laternenpfosten, Hausecken etc. nach Informationen abschnüffelt. Und ist er ein Rüde, wird er danach mit Sicherheit seine eigene Information hinterlassen. Letzteres tun Hündinnen viel seltener.

Erwachsene Rüden heben beim Markieren das eine Hinterbein. Es ist interessant festzustellen, daß Welpen beiden Geschlechts wie eine Hündin urinieren, d. h. auf allen Läufen stehen bleiben und sich hinten etwas niederkauern. Der Unterschied zwischen den beiden Geschlechtern zeigt sich erst mit der sexuellen Reife. Indem ein Rüde sein Bein hebt, kann er seine Duftmarke gezielter plazieren. Es gibt männliche Hunde, die stets denselben Hinterlauf heben, selbst wenn sie sich drehen müssen, um an die gewünschte Stelle zu urinieren. Andere heben das eine oder andere Bein je nach Situation.

Die Urinmenge, die jeweils verwendet wird, ist ziemlich gering, wobei es für Rüden typisch ist, auf einem Spaziergang etwa dreimal häufiger Wasser zu lösen als Hündinnen.

Im Gegensatz zu den Einzelgängern in der Hundefamilie produziert der Haushund einen Urin, der viel weniger geruchsstark ist als z. B. jener von Füchsen. Aber dennoch enthält er Pheromone – chemische Botenstoffe, welche durch die Luft verbreitet und von anderen Hunden mit der Nase aufgefangen werden.

Hunde können auf eine spezielle Einrichtung ihrer Nasenhöhle zählen, die ihnen hilft, diesen Duft wahrzunehmen. Im Gaumen haben sie ein sogenanntes «vomeronasales Organ», auch bekannt als Jacobsens Organ. Luft, welche Duftmoleküle trägt, kann durch dieses Organ erkannt werden, welches durch Nerven mit den Mittelteilen des Hypothalamus und dem Hirnbereich vor dem Sehzentrum verbunden ist. Dieser Teil des Hirns befaßt sich mehr mit der sexuellen Aktivität als mit dem Freßverhalten.

Nachdem ein Rüde zwecks Markierung uriniert hat, kratzt er oft auch am Boden, wenn es sich um Erde oder Ähnliches handelt. Indem er nämlich so auch ein sichtbares Zeichen setzt, unterstreicht er seinen territorialen Anspruch. Drüsen zwischen den Zehen sorgen dafür, daß aber auch hier ein Geruch zurückbleibt.

Es ist nichts Ungewöhnliches, wenn Ihr Vierbeiner sein sauberes Toilettenverhalten plötzlich vergessen zu haben scheint, wenn Sie einen zweiten Hund ins Haus nehmen. Was geschieht, ist dies: Ihr erster Hund ist sichtlich bestrebt, in Ihrem Heim eine dominante Stellung gegenüber dem Neuling zu bewahren, was er nun mit dem Setzen von Duftmarken klarmacht. Diese Phase geht meist vorüber, wenn sich die beiden Hunde erst einmal besser kennengelernt haben. Kastration

Praktischer Hinweis

Hunden macht es keine Schwierigkeiten, Eßwaren zu lokalisieren, auch wenn diese nicht zu sehen sind, z. B. solche in einer Einkaufstasche auf dem Küchenfußboden. So kann es vorkommen, daß Sie nach Hause zurückkehren und die Tasche aufgerissen und leer vorfinden. Lassen sie deshalb keine Nahrungsmittel für den Hund leicht erreichbar herumliegen, auch dann nicht, wenn sie verpackt sind.

kann man dann in Betracht ziehen, wenn das nicht der Fall ist.

Die Fähigkeit des Hundes, Gerüche zu erkennen, ist nichts Konstantes, sondern wird von mehreren Faktoren beeinflußt. Ein hungriger Hund z. B. folgt einer Spur oder Fährte viel williger und ausdauernder als einer, der eben gefüttert wurde. Man sagt zwar, eine trockene Nase sei ein Zeichen von Krankheit, was nicht unbedingt stimmen muß. Wahr aber ist, daß die Geruchsfähigkeit eingeschränkt ist. Die Feuchtigkeit dagegen, welche zusammen mit den Geruchsmolekülen eingeatmet wird, steigert sie in wesentlichem Maße.

DUFTMARKEN SETZEN

Wolfsrüden verhalten sich ähnlich wie Haushunde und markieren zum Beispiel Bäume entlang ihrer Territoriumsgrenze. Sie benutzen ständig wieder dieselben Stellen, so sind Wolf oder Hund in der Lage, ihre Präsenz in der betreffenden Gegend zu bekräftigen. Das Beinheben ist wichtig, denn sonst hätte ein Rüde Schwierigkeiten, seinen Urin genau am gewünschten Ort anzubringen. Hündinnen sowie Welpen beiderlei Geschlechts gehen zum Urinieren in die Hocke. Ihr Urin ist oft etwas säurehaltiger, weshalb er auf längere Zeit gelbe Flecken auf einer Rasenfläche verursachen kann.

Praktischer Hinweis

Außer Pheromonen können eine Anzahl schwerer Hundekrankheiten über den Urin verbreitet werden. Darum ist es so wichtig, daß Sie den Impfschutz Ihres Hundes regelmäßig erneuern.

Gewisse Hunde haben einen viel ausgeprägteren Geruchsinn als andere. Der Bloodhound ist der wahre Meister unter den Fährtenhunden. Er kann Wittrungen folgen, die schon mehrere Tage alt sind.

Die Oberfläche der ledrigen Spitze der Hundenase, welche die Nüstern umfaßt, wird feucht gehalten durch den nasalen Tränenkanal. Dieser dient als Leitung, damit Tränenflüssigkeit die Nase hinuntergelangt. Die beweglichen Nüstern können gespreizt werden, was den Hund mehr Duftmoleküle aufnehmen läßt, wenn er schnüffelt.

VERHALTEN
Kontakt mit anderen Hunden

Treffen sich zwei Hunde auf einem Spaziergang, sind sie gegeneinander fast immer mißtrauisch. Jeder der beiden versucht, den andern in der Hinterteilgegend mehr oder weniger vorsichtig zu beschnüffeln, wozu sie sich meist, einer dem andern hinterherlaufend, im Kreise drehen. Größe ist durchaus kein sicheres Zeichen dafür, welcher Hund sich als der dominante erweisen wird, weil sich ein kleiner Hund von einem größeren Rivalen längst nicht immer beeindrucken läßt.

Wenn ein Hund einen andern antrifft, kann es sein, daß sich sein Nackenhaar sträubt (oberes Bild). Dies muß aber noch nicht heißen, daß ein Kampf unausweichlich ist (unteres Bild).

Man kann den entscheidenden Augenblick, der die Rangordnung bestimmt, sehr leicht verpassen, weil er nicht so augenfällig ist. Wenn sich zwei Hunde Nase an Nase beschnuppern, starren sie einander auch an – und jener, der zuerst den Blick abwendet, ist der Unterlegene.

Das Alter spielt ebenso eine Rolle in der Rangordnung; das ist auch in Wolfsrudeln so. Kaum entwöhnte Welpen nehmen eine sozial tiefere Stellung ein als ältere Hunde. Deshalb ist es üblicherweise einfacher, einem mit Ihnen lebenden Hund als Genossen einen Welpen zu geben, nicht ein Tier mittleren Alters.

Der rangniedrigere Hund reagiert mit Ducken, wenn er bedroht wird, während der dominante seine Pfote auf dessen Rücken legen mag, – was selbstverständlich unter anderem von der Größe der zwei abhängt –, und seine Rute steil aufrichtet. Normalerweise endet ein solches Zusammentreffen damit, daß sich der schwächere Hund zu seinem Besitzer zurückzieht. Ernste Konflikte sind selten, vor allem, wenn die Halter in der Nähe sind.

Gefährliche Situationen ergeben sich unter Umständen mit ehemaligen Rennhunden. Ist die Rennkarriere der Greyhounds vorüber, eignen sie sich ausgezeichnet als Familienhunde, weil sie von Natur aus sehr gutmütig sind. Jedoch aufgepaßt: Greyhounds wurden darauf trainiert, einen künstlichen Hasen zu verfolgen, und sie können daher auf Spaziergängen auf kleine Hunde wie Yorkshire Terriers gleich reagieren. Für letztere würde dies den sicheren Tod bedeuten, und aus diesem Grund ist es wichtig, einem Grey immer einen Maulkorb anzuziehen, bevor man ihn von der Leine läßt. Allein schon sein Tempo macht es Ihnen unmöglich, irgendwie noch einzugreifen, wenn er in der Ferne einen kleinen Hund erspäht hat.

Kontakt mit Katzen

Obgleich Hunde oft Katzen nachjagen, wenn sie ihnen über den Weg laufen, erweist sich die Katze als das dominante Individuum, wenn sie mit einem Hund unter einem Dach wohnt. Das müssen Welpen oft erst einmal lernen. Fühlt sich eine Katze bedrängt, stellt sie sich häufig und faucht, anstatt wegzurennen. Falls dies den Welpen noch zu wenig beeindruckt, macht sie von ihren Krallen Gebrauch, um ihn zu stoppen.

In einem solchen Fall wird der Welpe kaum das typische Verhalten des Unterlegenen zeigen, sondern sich ganz einfach zurückziehen und es in Zukunft vermeiden, mit der Katze in direkten Kontakt zu kommen. Von nun an wird Ihr Hund höchstens noch aggressiv reagieren, falls die Katze versuchen sollte, ihm sein Futter zu stehlen. Versichern Sie sich daher vorsichtshalber, daß sie nicht anwesend ist, wenn Sie ihm sein Futter geben.

Gegenüber: Zwei kämpfende Wölfe. Die Auseinandersetzung ist hier bereits so gut wie vorüber, da der schwächere auf dem Rücken liegt. Er wird gleich aufstehen und weglaufen, worauf ihn sein Gegner noch über eine kurze Distanz verfolgen wird.

Zwischen Hund und Katze können unübliche Freundschaften entstehen. Eine solche Bindung ergibt sich am wahrscheinlichsten, wenn die beiden zusammen aufwachsen und sich der Sozialinstinkt des Hundes auf diesen von Natur aus eher seltsamen Meutegenossen ausrichtet.

Kontakt mit anderen Haustieren

Es ist besser, einem Hund keine Gelegenheit zu geben, mit allen möglichen kleinen Haustieren in direkten Kontakt zu kommen. Speziell Kaninchen werden von vielen Rassen als natürliche Beute betrachtet und daher verfolgt und getötet. Selbst ein sehr gutmütiger Hund reagiert mit großer Sicherheit instinktiv auf diese Weise, besonders, wenn sich das andere Tier bewegt, etwa, wie dies Kaninchen eben tun, davonhoppelt. Anders als Katzen haben Kaninchen keine Mittel, sich zu verteidigen.

Praktischer Hinweis

Wird Ihr Hund von einer Katze gekratzt oder gar gebissen, sollten Sie die Wunde unverzüglich desinfizieren. Andernfalls kann sich vor allem bei Bissen eine Infektion entwickeln, denn das Maul einer Katze ist voller Bakterien.

Ernster Kampf zwischen zwei Wölfen. Auseinandersetzungen arten meistens blutig aus, wenn der Rudelchef von einem untergeordneten Tier herausgefordert wird. In einem solchen Fall sind die Gegner ungefähr gleich stark, und keiner der beiden ist bereit, sehr schnell nachzugeben.

Zeichen von Aggression

Über die Jahrtausende seit Beginn der Domestikation hat der Hund so viel Zeit mit Menschen verbracht, daß er jene, mit denen er regelmäßig in Kontakt steht, längst als Rudelangehörige betrachtet. So hat der Hund auch eine bestimmte Körpersprache entwickelt, um speziell mit Menschen zu kommunizieren, und hat anderseits einige seiner Fähigkeiten verloren, um mit seinesgleichen Bande zu knüpfen. Dies hat natürlich seine Ursache unter anderem auch darin, daß viele Hunde einzeln unter Menschen leben, d. h. mehr oder weniger isoliert sind von ihrer eigenen Art. Mit anderen Hunden kommen sie allenfalls auf Spaziergängen, auf dem Übungsplatz oder auf der Jagd in Berührung.

Praktischer Hinweis

Streitigkeiten zwischen Hunden entstehen nicht nur wegen Futter. Auch Spielzeuge können eine Konfliktursache darstellen. Stellt man ihnen mehrere Dinge zur Verfügung, verringert dies das Aufkommen ernsthafter Aggression. Es kommt aber durchaus vor, daß Hunde, die sich gut kennen, sich auch ohne weiteres zusammen mit einem Spielzeug vergnügen.

Kampftrieb

Wahlzucht hat ebenfalls eine Rolle gespielt, und in gewissen Fällen hat man die natürlichen territorialen und aggressiven Neigungen des Hundes gegenüber Artgenossen bewußt verstärkt. Dies wurde getan, um Rassen für Hundekämpfe zu schaffen, wie etwa den Staffordshire Bull Terrier. Obgleich manche Züchter hart daran gearbeitet haben, die aggressiven Züge aus der genannten und ähnlichen Rassen wieder zu eliminieren, können solche Hunde noch immer bei Gelegenheit sehr unberechenbar in Anwesenheit anderer sein.

Das Aussehen von sogenannten Kampfhunden ist ähnlich, und zwar aus praktischen Gründen. Sie haben alle einen relativ kurzen, viereckigen, kräftigen Fang, der sie befähigt, einen harten Biß auszuführen und den Gegner mit festem Griff zu halten. Ihre Augen sind recht klein und tief liegend, um möglichst gegen Verletzungen geschützt zu sein, während die Nackenhaut lose ist, so daß dort ein Biß eher eine oberflächliche denn eine tiefe Wunde verursacht.

Rudelverhalten

Im Gegensatz dazu ist die Situation bei Meutehunden deutlich verschieden. Das will nicht heißen, daß sie stets friedlich sind, gerade etwa die Schlittenhunde nicht, welche dem Wolf am auffälligsten gleichen. Streitereien um Dominanz sind nicht ungewöhnlich unter ihnen – jedes Schlittengespann hat seinen Anführer, und besonders, wenn man ein neues Team zusammenstellt, dauert es eine gewisse Zeit, bis dessen soziale Ordnung eingespielt ist.

Dann aber halten sie zusammen und arbeiten als Team, was wiederum den Rudelinstinkt zwischen ihnen verstärkt und störende Streitigkeiten verhindert. In ähnlicher Weise kämpfen auch Wölfe nicht untereinander, wenn sie auf der Jagd sind. Es ist höchst unwahrscheinlich, daß sie so erfolgreiche Jäger geworden wären, hätte sich nicht ihre charakteristische Fähigkeit zur Zusammenarbeit entwickelt. Ein einzelner Wolf ist kaum in der Lage, mit großen und gefährlichen Beutetieren wie Elchen zurechtzukommen. So beeinflußt denn auch die Art der Beute die Größe der Wolfsrudel.

Gemeinschaftliches Jagen ist auch ein Merkmal vieler Brackenrassen, so z. B. der Beagles und Bassets.

Das soziale Wesen der Hunde ist einer der Hauptgründe, warum sie zu so poulären Begleitern geworden sind. Sehen sie doch in der Familie das Rudel und akzeptieren es, darin eine untergeordnete Stellung einzunehmen.

Obschon sie im allgemeinen überhaupt nicht aggressiv sind, sollten ehemalige Rennhunde auf Spaziergängen einen Maulkorb tragen. Treffen sie nämlich auf einen kleineren Artgenossen, könnten sie ihn sonst hetzen und totbeißen.

Meutehunde, wenngleich man sie ursprünglich gezüchtet hat, um Beute zu jagen, sind in Tat und Wahrheit von Natur aus sehr freundliche und liebenswerte Wesen. Denken Sie daran, zwei Hunde miteinander zu halten, die in relativer Harmonie zusammenleben sollen, empfiehlt es sich für Sie, eine Rasse aus dieser Gruppe ins Auge zu fassen.

Rudelrivalität innerhalb einer Foxhound-Meute. Kämpfe sind sehr viel häufiger unter Rüden als unter Hündinnen.

Praktischer Hinweis

Erwachsene Hunde sind oft gegenüber Welpen weit toleranter als gegenüber anderen erwachsenen Hunden. Jene werden ganz anders wahrgenommen – nicht als Rivalen nämlich, sondern als von Natur aus Untergeordnete. Erhalten Sie diese Situation aufrecht, indem Sie den Welpen nicht in Anwesenheit des älteren Hundes bevorzugen.

Der Angstfaktor

Wenn man einen Welpen kauft, ist es fast unmöglich vorherzusagen, ob er später aggressiv wird oder nicht, kommt es doch in hohem Maße darauf an, wie man ihn aufzieht. Viel wird abhängen von seiner Umwelt und ebenfalls natürlich von seiner speziellen Erziehung und Ausbildung. Vor allem zu größeren Rassen läßt sich immerhin bemerken, daß Rüden im allgemeinen dominanter sind als Hündinnen.

Ein Kind, das mit Hunden aufwächst, wird sich später kaum vor ihnen fürchten. Kleine Kinder erleben ihre Hunde sowohl als Freunde wie auch als Beschützer. Aber Achtung: Seien Sie immer zugegen, wenn kleine Kinder mit Hunden zusammen sind – ein Hund ist kein Spielzeug!

Aggressionsgrade

Der generelle Aggressionsgrad beginnt in einem Wolfrudel während der Winterzeit anzusteigen, und zwar selbst unter den Jungtieren. Männliche Welpen fangen an, Dominanz aufzubauen gegenüber ihren weiblichen Geschwistern, was teilweise damit zu tun hat, daß sie größer sind. Bald setzen sie sich auch mit den rangniedrigeren Rudelangehörigen auseinander und schicken sich mit fortschreitendem Alter an, nach und nach einen Platz in der Rudelhierarchie für sich zu schaffen. Eine klar sichtbare Änderung im Verhalten wird offensichtlich, wenn die Jungwölfe zwei Jahre alt sind, denn nun nimmt ihre Aggressivität deutlich zu.

Einige Rassen haben sich den Ruf besonderer Aggressivität erworben, was zum Teil durch ihr Erscheinungsbild verstärkt wird. Das Kupieren der Ohren ist in vielen Ländern gesetzlich verboten. Einigen Rassen geben kupierte Ohren aber ein gefährlicheres Aussehen (wie im Beispiel dieses Dobermanns), da diese nicht hängen, sondern spitz aufragen.

Mit von Natur aus selbstbewußten Haushundrassen, wie Rottweiler oder Dobermann, treten allfällige Probleme deshalb nicht im Welpenalter auf, sondern erst von zwei Jahren an aufwärts. Und das ist es auch, weshalb strikte Erziehung von frühster Jugendzeit an so wichtig ist. Wollen wir doch nach Möglichkeit verhindern, daß solche Hunde in jenem kritischen Lebensabschnitt anfangen, ihre Besitzer oder andere Familienmitglieder anzufallen.

Angst vor Hunden

Manche Leute haben Angst vor Hunden, was diese zu spüren imstande sind und prompt als Zeichen von Unterwürfigkeit interpretieren. Das Wesen der Haushunde ist aber dennoch viel stabiler als das eines Wolfes, und viele von ihnen denken nie im geringsten daran, aus ihrer vorteilhaften Situation Nutzen zu ziehen. Gewisse Rassen sind ja auch als reine

Begleiter gezüchtet worden, insbesondere jene in der Gruppe der Gesellschaftshunde. So überrascht es nicht, daß sie die geeignetsten Familienhunde sind.

Die Rassen, die dem Wolf im Aussehen am ähnlichsten sind, etwa der Deutsche Schäfer, flößen am meisten Furcht ein. Der Haß des Menschen auf den Wolf sitzt tief und geht wahrscheinlich auf die Zeit zurück, als man vom nomadischen Jägerleben zum seßhaften Hirtendasein wechselte.

Herdenwächter

Über Jahrhunderte stellten Wolfsrudel eine schwere Bedrohung dar, besonders für Schaf- und Ziegenherden. Am besten abgewehrt werden konnten sie durch ihre domestizierten Verwandten, die man den Herden neben den Hirten als Wächter mitgab. Beispiele sind der italienische Maremma-Abruzzenhund oder der Komondor aus Ungarn.

Ähnliche Hunde derselben Art wurden über ganz Europa gezüchtet. Sie neigten dazu, in der Farbe weißlich zu sein. So waren sie unter den Schafen, die sie beschützten, einerseits gut getarnt und anderseits konnten die Hirten sie von den dunkler gefärbten Wölfen selbst auf Entfernung klar unterscheiden.

Zum eigenen Schutz trugen sie breite, genagelte Halsbänder, die ihre verletzlichste Stelle, den Hals eben, schützten. Seit dem Aussterben des Wolfes im späten letzten und im frühen 20. Jahrhundert in vielen Teilen Europas, sind diese Herdenwächter viel seltener geworden, wenngleich man sie nun zunehmend im Showring antrifft.

Praktischer Hinweis

Befassen Sie sich eingehend mit der Geschichte einer jeden Rasse, die Ihnen zusagt, bevor Sie die endgültige Entscheidung treffen, welche Sie sich anschaffen wollen. Das wird Ihnen klare Einsicht verschaffen in ihr Naturell. Solche, die als Wächter gezüchtet wurden, neigen am ehesten dazu, gegenüber Menschen und selbst gegenüber ihren Besitzern Aggressivität zu zeigen.

Drohendes Knurren: Die erste Stufe von Drohverhalten

Zähnefletschen: Die zweite Stufe ist ein Zurschaustellen der Hauptwaffe des Hundes gegen einen «Eindringling»

Klare Drohgebärde: Ein grimmiges Bellen ist die letzte Warnung. Ein Hund befolgt dieses Dreistufenritual als Warnung, um einen Kampf zu vermeiden. Er wird jedoch angreifen, wenn die Drohung unbeachtet bleibt.

ANZEICHEN VON GEFAHR

Die Körpersprache von Hunden ist sehr wichtig, besonders, weil ein Hund normalerweise eine Reihe von Gesten ausführt, bevor er z. B. zu beißen versucht. Kann z. B. ein kleines Kind diese nicht wahrnehmen, wird es unter Umständen ganz übel zugerichtet. Lassen Sie deshalb ein Kind nie mit einem Hund allein. Es ist nämlich nicht einfach Zufall, daß Kinder häufiger gebissen werden als Erwachsene. Einerseits sind sie eben weniger in der Lage, Gefahrenzeichen zu erkennen, anderseits gehen sie mit Hunden manchmal recht grob um, indem sie sie in vermeintlichem Spiel an der Rute oder den Ohren ziehen.

Zurückgezogene Lippen und entblößte Zähne: ein untrügliches Zeichen dafür, daß dieser Hund angreifen wird, wenn man ihn noch länger reizt. Begleitet wird solches Verhalten von bedrohlichem Knurren. Hunde greifen selten unvermittelt an, sondern geben eine Reihe von Signalen wachsender Aggression.

Aggression gegenüber Menschen

Hunde beißen selten ohne Provokation, obwohl gewisse Rassen aufgrund ihrer Anlagen aggressiver sind als andere, weil sie keine untergeordnete Rolle akzeptieren. Diese greifen bei gegebenen Umständen insbesondere jüngere Familienmitglieder an. Dominante Rassen dieser Art schließen den Rottweiler, den Dobermann und andere große Hunde ein, die als Wächter gebraucht werden.

Ein Hund äußert seine Aggression oft durch Sträuben des Nackenhaars – und indem er die Zähne bleckt. Begleitet wird solches Verhalten häufig von Knurren, und die Rute ist aufgerichtet. Werden all diese untrüglichen Zeichen mißachtet, werden die Zähne völlig entblößt, bevor der Hund zum Angriff übergeht.

Die Anzeichen bei territorialer Aggression sind ziemlich gleich, wenn auch der Hund nicht ebenso schnell bereit ist zuzubeißen, wie wenn er etwa Schmerzen hat. Bellen ist in solchen Fällen das Normalere, gibt es ihm doch die meist wirksame Möglichkeit, einen Eindringling ohne physische Gewaltanwendung zu vertreiben.

Folgen früherer Erlebnisse

Frühere Erlebnisse können durchaus die Reaktionen eines Hundes beeinflußen. Hat man ihn z. B. immer wieder geneckt, kommt es vor, daß er plötzlich einmal ohne Vorwarnung beißt. Eine der möglichen Hauptschwierigkeiten mit Findelhunden ist, daß man nicht in der Lage ist, sich von ihrer Vergangenheit ein Bild zu machen. So kann es etwa geschehen, daß ein solcher Hund aufgrund irgendeiner schlechten Erfahrung Irritation und Aggression zeigt, die für uns nur schwer nachvollziehbar ist; so etwa, wenn allein schon Farbe oder Schnitt einer Jacke

Vermeiden Sie es, einen erwachsenen Findel- oder Verzichthund aufzunehmen, falls Sie kleine Kinder haben, es sei denn, Sie wissen über die Vergangenheit des Tieres Bescheid. Könnte es doch sehr wohl sein, daß der Hund im Tierheim gelandet ist infolge seiner Neigung zu Aggressivität. Auch wenn er von seinem ehemaligen Besitzer schlecht behandelt wurde, kann es sehr schwierig sein und viel Geduld erfordern, sein Vertrauen zu gewinnen.

Praktischer Hinweis

Nicht nur zu Hause zeigen Hunde territoriales Verhalten. Viele benehmen sich gleich, wenn man sie allein im Wagen zurückläßt. Dort wird die territoriale Aggression vor allem dann entwickelt, wenn der Hund durch Passanten gereizt wird, indem sie z. B. stehen bleiben, auf ihn einreden oder gar an die Fenster klopfen. Übrigens: Vermeiden Sie es stets, Ihren Hund bei heißem Wetter mehr als ein paar Minuten allein im Auto zurückzulassen. Er könnte sonst leicht einen Hitzschlag erleiden.

ihn zum Knurren oder Sträuben des Nackenhaars veranlaßt. Versuchen Sie unter diesen Umständen, die Ursache der Aggression aus dem Weg zu räumen, und vermeiden Sie es unter allen Umständen, daß der Hund die für ihn höchst unangenehme Situation durchstehen muß. Wahrscheinlich würde er sonst nur noch verzweifelter und noch aggressiver reagieren. Mit viel Geduld und unter Anleitung einer kynologischen Fachkraft wird es Ihnen womöglich gelingen, die Ängste Ihres Schützlings zum Verschwinden zu bringen oder sie wenigstens maßgeblich zu lindern.

Oben: *Ein knurrender Grauwolf zieht seine Lippen hoch, um seinem Unmut Ausdruck zu geben. Das ist ein erstes Anzeichen von Aggression, das einem direkten Körperkontakt vorausgeht. Wilde Caniden und Haushunde in geringerem Maß können mit dem tödlichen Tollwutvirus angesteckt werden. Von Tollwut befallene Tiere sind in einer bestimmten Krankheitsphase unberechenbar aggressiv und gewalttätig.*

Unten: *Es gibt Gelegenheiten, wo die Aggression des Hundes von seinem Trainer gefordert wird, so wie in diesem Falle. Hier wird ein Polizeihund ausgebildet, um fliehende Kriminelle zu stellen. Der Hund wird so trainiert, daß er am Unterarm packt und keine ernsten Verletzungen zufügt.*

Spiel

Hunde sind von Natur aus weit über die Welpenzeit hinaus verspielt, auch wenn sie mit zunehmendem Alter immer weniger Spielzeuge brauchen. Spiel hat eine wichtige soziale Bedeutung und hilft den Hunden dabei, in relativ frühem Alter eine soziale Rangordnung zu schaffen, wie dies auch bei Jungwölfen geschieht. Die Notwendigkeit richtiger Kämpfe fällt weitgehend dahin, wenn man seine Kraft im spielerischen Konflikt testen kann. Nur selten kommt es vor, daß sich Hunde im Spiel gegenseitig verletzen.

Eines der deutlichsten Anzeichen dafür, daß der Hund spielen will, ist spielerisches Ducken. Er läßt sich auf seinen Vorderläufen nieder, und falls er so nicht zur Kenntnis genommen wird, fängt er aufgeregt zu bellen an, um sich bemerkbar zu machen. Plötzlich springt er hoch, macht ein paar Sätze, um dann dasselbe Prozedere zu wiederholen, wenn von seinem Spielgefährten noch immer keine Reaktion erfolgt.

Wenn Hunde miteinander spielen, laufen sie selten normal, sondern ergehen sich in mehr oder minder wilden Sätzen und Sprüngen. Mitunter jagen sie einander nach, um sich dann auf die Hinterläufe zu stellen und mit den Vorderläufen aufeinander einzuschlagen. Kleine Hunde sind allgemein verspielter als ihre größeren Verwandten, und die Pudel gelten als eigentliche Clowns.

Spielende Hunde drehen sich oft eng miteinander in Kreise, worauf sich einer schließlich auf den Rücken rollen mag. Dies ist eigentlich eine Geste der Unterwerfung, die der Verlierer in einer ernsten Auseinandersetzung als Zeichen der Kampfaufgabe ausführt. Im jetzigen Fall ist das aber nicht so und braucht es ja auch gar nicht zu sein. Anstatt Augenkontakt zu vermeiden, wie dies im Kampf geschieht, blickt der Hund am Boden seinem Gefährten weiterhin direkt ins Gesicht und er legt auch seine Ohren nicht zum Zeichen der Beschwichtigung zurück.

Spielzeuge

Das Spiel zwischen einem Hund und seinem Besitzer ist enorm wichtig, um die Bindung zwischen den beiden zu verstärken. Eine ständig wachsende Auswahl von Spielzeugen zu diesem Zweck findet man in den Tierfachgeschäften. Man kann sie grob in drei Kategorien unterteilen. Die erste umfaßt Bälle und andere Wurfgegenstände, die verfolgt und apportiert werden können. Viele Hunde lieben Spielzeuge dieses Typs, vor allem die Spaniels und die Retriever, weil sie instinktiv nach Dingen suchen, um sie zurückzubringen.

Werfen Sie auf einem Spaziergang gelegentlich einen Ball, so bedeutet dies, daß Ihr Hund viel mehr Bewegung erhält, als wenn er ganz einfach neben Ihnen hertrabt. Spezielle Wurfscheiben sind als Hundespielzeug ebenfalls populär geworden. Sie sollten aus weichem Material hergestellt sein, welches die Zähne

Praktischer Hinweis

Es ist vernünftig, einem Hund beizubringen, Ihnen ein Spielzeug auf Kommando zu überlassen. Andernfalls könnte der Hund mit der Zeit immer besitzergreifender werden bis zu dem Punkt, da er Sie schnappt, wenn Sie es ihm wegzunehmen versuchen.

Dieser Greyhound vollführt einen typischen «Spielbückling», fordert also zum Spielen auf.

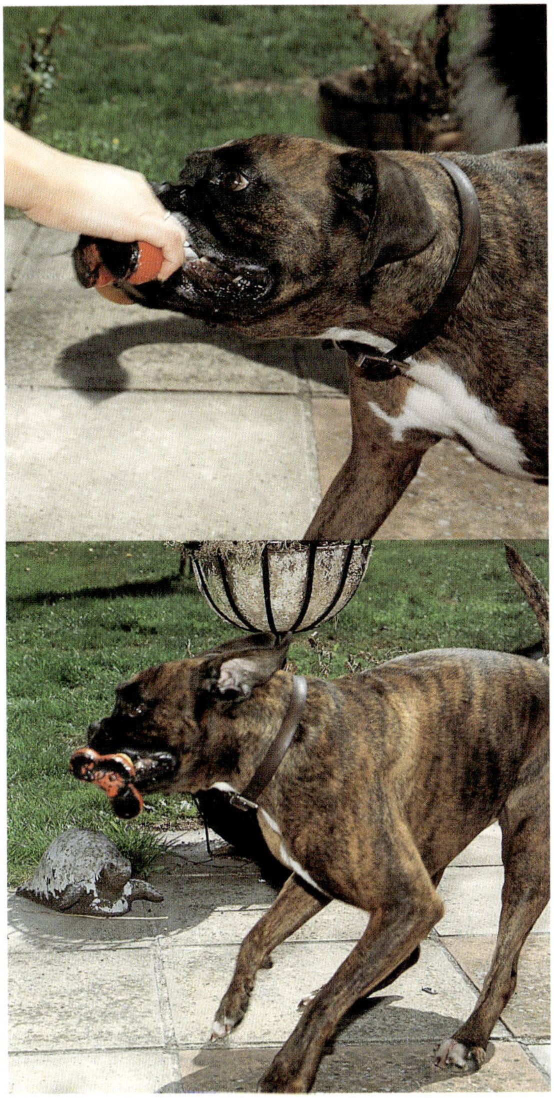

Wurfscheiben sind bei Hunden sehr beliebt, wobei die Unberechenbarkeit ihrer Flugbahn zur Aufregung des Spiels beiträgt. Kaufen Sie sich eine Scheibe, die für Hunde gemacht ist, denn sie ist normalerweise aus weicherem Material. Hunde mögen auch Gegenstände zum Ziehen und Zerren, um sich mit Ihnen im Seilziehen zu üben.

nicht beschädigt, ungleich jenen Kinderspielzeugen also, die für den Gebrauch am Strand verkauft werden.

Als zweite Spielzeuggruppe können wir die Kaugegenstände bezeichnen, welche dazu gemacht sind, um die Zähne Ihres Hundes in gutem Zustand zu halten. Sie haben den früher typischen Markknochen verdrängt, weil sie hygienischer sind und weniger unappetitlich wirken. Haushunde haben relativ selten die Möglichkeit, ihre Zähne wie die Wölfe an Knochen zu gebrauchen, und deshalb sind entsprechende Spielgegenstände ein wertvoller Ersatz. Dies trifft besonders für Junghunde zu, wenn sie mit etwa fünf Monaten im Zahnwechsel sind.

Schlußendlich sind auch Zieh- oder Zerrspielzeuge populär, da Hunde mit ihrem Halter gerne Kräftemessen spielen. Mitunter muß man mit solchen Gegenständen etwas vorsichtiger umgehen, speziell bei einem älteren Hund, dessen Zähne nicht mehr unbedingt in der besten Verfassung sind. Spielsachen dieses Typs sind entweder fest oder aber aus dickem Seil, das mit der Zeit vom Speichel etwas spröd und unansehnlich werden kann.

Agility-Wettkämpfe, wie dieser an der Crufts, sind für Hunde aller Typen und Größen offen. Hier geht es vielmehr um die Zeit, in welcher der Hund die Hindernisstrecke fehlerfrei zurücklegt, und nicht um sein Aussehen. Agility-Parcours festigen und testen das natürliche körperliche Geschick eines Hundes, wobei sein Führer eine entscheidende Rolle spielt, indem er ihn durch entsprechende Zeichen und Kommandos unterstützt und anspornt.

Praktischer Hinweis

Verwenden Sie nur ungefährliche Spielsachen. Es sind schon Hunde erstickt, wenn sie etwas zu verschlingen versuchten, das ihnen dann in der Kehle steckenblieb.

Wenn Hunde Schaden anrichten

Er sieht zwar süß aus, doch Vorsicht! Dieser Welpe neigt mit Sicherheit dazu, in Haus und Garten Unfug zu treiben. Beachten Sie die zerrissene Decke, auf der er liegt. Geben Sie ihm deshalb ein eigenes Bett, um Ihr Mobiliar einigermaßen zu schützen.

Gewisse Beschädigungen im und ums Haus sind unvermeidbar, wenn man sich einen Hund hält, ganz besonders dann, wenn man ihn von klein an hat. Teppiche und Türen sind für Welpen meist von speziellem Interesse. Wenn man sich allerdings über die Bedürfnisse des neuen Hausgenossen bereits Gedanken macht, bevor er einzieht, gelingt es im allgemeinen, den Schaden auf ein Minimum zu begrenzen. Bringen wir den Junghund nach den Mahlzeiten, am Morgen sofort nach dem Erwachen und am Abend unmittelbar vor dem Schlafengehen ins Freie, verhindern wir zu einem Großteil, daß er sich im Haus versäubert. Und zeigt sich unser junger Freund in irgendeiner Weise asozial, so gilt es, dies strikte nicht zu tolerieren, damit es nicht zur Gewohnheit wird. Denn sonst werden wir ihn negativ konditionieren wie in folgendem Beispiel: Ihr Welpe mag im Garten sein und bei Gelegenheit einmal an der Tür kratzen, damit er hereingelassen wird. Sollten Sie jetzt unverzüglich darauf reagieren und dem Hund Einlaß gewähren, bedeutet dies den Anfang eines Teufelskreises: Das nächste Mal kratzt der Hund wieder, weil er vorher damit Erfolg hatte. Und Sie öffnen die Türe erneut, wodurch der Hund wiederum erfolgreich ist. Sehr schnell wird er nun einfach immer dann an der Tür scharren, wenn er ins Haus will. Bleiben Sie daraufhin einmal hart und öffnen nicht, wird Ihr Freund die Türe immer kräftiger bearbeiten und dabei mit seinen Krallen deutliche Spuren hinterlassen. Letztlich bleibt Ihnen nichts mehr anderes übrig, als stets blitzartig dem Wunsch des Hundes nachzukommen, wenn Sie Ihre Eingangstür nicht opfern wollen. Oder aber Sie merken sich, wie lange er es draußen aushält, bis er sich langweilt, und rufen ihn herein, bevor er sich auf seine unerwünschte Weise meldet.

Es fängt alles an mit dem Wunsch, hereinzukommen. Der Hund versucht die Tür aufzustoßen, und wenn diese zu ist, wird er ziemlich sicher daran kratzen. Falls dies Ihre unverzügliche Aufmerksamkeit erweckt, entwickelt sich daraus nach kurzer Zeit ein Verhaltensmuster, das zu einem ernsten Problem werden kann.

Schäden im Haus

Versuchen Sie wenn immer möglich zu vermeiden, Ihren Welpen regelmäßig allein in ein Zimmer zu schließen, denn auch hier wird er unweigerlich damit anfan-

Praktischer Hinweis

Gelangweilte Hunde sind eher geneigt, irgendwelchen Schaden anzurichten. Um dies bei Ihrem Zögling zu verhindern, sollten Sie ihm Spielsachen anschaffen und ihn ausreichend bewegen.

gen, Teppiche und Tür mit Zähnen und Pfoten zu traktieren. Viel besser ist es, einen Zwinger mit Hundehütte zu haben, wo man den Hund vorübergehend einquartieren kann, wenn es nicht tunlich ist, ihn im Haus frei laufen zu lassen.

Während des Zahnwechsels ist das Mobiliar im Heim besonders gefährdet, weil die Irritation der Zahnentwicklung den Welpen veranlaßt, Erleichterung im Nagen zu suchen. Stuhl- und Tischbeine sind ihm dafür natürlich sehr willkommen. Es lohnt sich, ihn während dieser Zeit gut im Auge zu behalten und ihm eine reiche Auswahl an Kauspielsachen anzubieten.

Sollten Sie Möbelstücke oder andere Gegenstände von besonderem Wert besitzen, ist es allemal vorsichtig, sie in dieser kritischen Zeit so zu plazieren, daß der Hund gar nicht an sie herankommt.

Gartenschäden

Auch im Garten können Hunde Probleme verursachen, indem sie Blumenbeete und Rasen verwüsten. Will man Dünger verwenden, muß man ihn sorgfältig auswählen. Mist z. B. mögen unsere vierbeinigen Freunde besonders gern; sie wälzen sich darin oder fressen ihn sogar. Viele von ihnen entwickeln zudem die Gewohnheit, Futterstücke oder Knochen zu verscharren. Damit mimen sie ihre Vorfahren, denn Wölfe verstecken überschüssiges Futter in der Hoffnung, zu einem späteren Zeitpunkt zurückzukehren und es zu verzehren.

Ist ein Loch erst einmal gegraben, nutzt es wenig zu intervenieren. Allenfalls kann man den darin versteckten und meist eher dürftig zugedeckten Gegenstand entfernen, bevor ihn der Hund wieder anschleppt.

Obgleich Hunde Blumenbeete zum Wühlen und Scharren besonders mögen, weil die Erde dort locker und leicht zu entfernen ist, verschonen sie auch Rasen nicht, wenn ihnen nichts anderes zur Verfügung steht. Ihre relativ kurzen Krallen sind ideal, um die Grasnarbe aufzureißen, um dann mit beiden Vorderläufen munter draufloszugraben.

Im weiteren ist es gar nicht selten, daß Hunde im Garten nach Nahrung herumwühlen. Heruntergefallene Äpfel, mit denen sie spielen und die sie benagen, verursachen wohl kaum Aufregung. Entschließt sich einer jedoch, sich in einem Karottenbeet zu bedienen, wird er vom «Gärtner» oder der «Gärtnerin des Hauses» anschließend bestimmt nicht bejubelt werden. Unangenehmerweise kann auch dieses Verhalten zu einer Gewohnheit werden. Die einzige sichere Lösung des Problems ist in diesem Fall ein Zaun.

GRABEN

Hunde graben gerne im Garten, vor allem, wenn sich irgend etwas Eßbares in einem Komposthaufen befindet. Dieses Verhalten geht auf die Wildcaniden zurück, welche sofort ihren Geruchssinn einsetzen, um alle mögliche Nahrung zu orten (u. a. auch Rüben), wenn es ihnen am Gewohnten fehlt, oder Futter wieder hervorholen, das sie vorher einmal vergraben haben. Die meisten Hundeartigen sind grundsätzlich Aasfresser. Ihre Anpassungsfähigkeit und Findigkeit bei der Nahrungssuche hat ihre weite natürliche Verbreitung ermöglicht.

Praktischer Hinweis

Haben Sie einen Rüden, der urplötzlich ein Loch unter dem Zaun durchgräbt und aus dem Garten abhaut, ist die Wahrscheinlichkeit groß, daß eine Hündin in der Nachbarschaft läufig ist.

PROBLEME
Der Hund im Wandel

Heutzutage, bei so vielen deutlich voneinander unterschiedenen Haushunderassen, läßt es sich nur schwer vorstellen, daß sie sich durch die ständig fortgesetzte Wahlzucht noch immer weiter von ihren wilden Ahnen entfernen. Obschon die Zucht bereits viele unerwünschte Merkmale eliminiert hat, die in den frühen Tagen der Domestikation offenbar waren, wie z. B. Nervosität und Menschenscheu, sind auch eindeutige Fehlentwicklungen zu verzeichnen, am klarsten im Bereich der körperlichen Gesundheit.

Körperliche Probleme

Probleme wie Hüftgelenkdysplasie, welche zu Beschwerden im Hinterhandbereich führen kann, und Patellaluxation, welche die Kniescheiben vor allem kleinerer Rassen trifft, sind auffallend häufig bei Haushunden, während sie beim Wolf kaum bekannt sind. Die Züchter sind äußerst bestrebt, solche physischen Mängel aus ihren Blutlinien herauszukriegen, indem sie ihre Zuchttiere vor dem Zuchteinsatz sorgfältig untersuchen lassen.

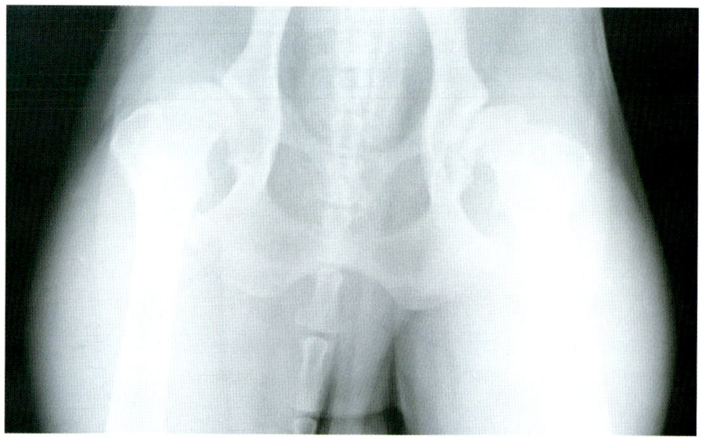

Schwächen im Bau des Skeletts wie Hüftgelenkdysplasie sind bei Hunden recht häufig und können sich als nachteilig erweisen, besonders, wenn der Hund übergewichtig ist. In diesem Fall sitzt der Kopf des Oberschenkelknochens nicht sauber in der Gelenkpfanne des Hüftknochens und findet so keinen richtigen Halt.

Wutsyndrom

Jedoch auch unerwartete Probleme tauchen bei Gelegenheit auf und können sowohl das Wesen wie die körperliche Gesundheit beeinträchtigen. Eines der beunruhigendsten Beispiele dieser Art ist das sogenannte «Wutsyndrom», welches bei an sich friedfertigen Rassen wie Cocker Spaniels und Labrador Retriever vorkommen kann. Solche üblicherweise völlig normale Hunde leiden an gelegentlichen unkontrollierbaren Wutanfällen. Das macht sie höchst unberechenbar, und wenn sie angreifen, tun sie es ohne die gängigen Warnsignale.

Das einzige Anzeichen eines bevorstehenden Wutausbruchs kann ein glasiger Blick sein. Wissenschaftliche Untersuchungen haben gezeigt, daß bestimmte genetische Verbindungen für solche Fälle verantwortlich sind. Hat man sie klar erkannt, sollten verdächtige oder eindeutig befallene Blutlinien nicht oder nicht mehr zur Zucht verwendet werden, und Tiere, die davon betroffen sind, sollten aus Sicherheitsgründen eingeschläfert werden.

Bedeutung von Hundeausstellungen

Eine der positiven Seiten der Ausstellungsszene ist, daß sie seit ihrer Entstehung vor über einem Jahrhundert dazu beigetragen hat, jene Rassen mit gesundem Wesen weiterzuentwickeln. Richter geben ganz einfach keine Preise an Hunde, die im Ring aggressiv sind, sei es nun gegen andere Hunde oder gegen Menschen.

Tatsächlich wären auch eine große Anzahl Rassen ohne das Ausstellungswesen beinah oder ganz ausgestorben. An Veranstaltungen wie der Crufts oder der Westminster Kennel Club Show hat man sie stets wieder vorgeführt und so das Publikumsinteresse für sie geweckt.

Veranstaltungen dieser Art, bei welchen die Hunde gemäß schriftlich niedergelegtem Rassestandard gerichtet werden, unterscheiden sich von den diversen Prüfungen, wo die Arbeitstauglichkeit der Tiere und nicht deren Erscheinungsbild zählt. Hier haben Hund und Führer Gelegenheit, eng zusammenzuarbeiten. Obedience und Agility z. B. sind eine Weiterentwicklung auf diesem Gebiet und werden oft in Zusammenhang mit Ausstellungen veranstaltet.

Was für einen Hund Sie an einen solchen Wettbewerb bringen, spielt keine Rolle, und man trifft sogar recht häufig Mischlinge an. Was könnte eindrücklicher als diese Anlässe demonstrieren, wie sich das Rudelverhalten des Wolfes gewandelt hat zu einem engen Band zwischen Hund und Führer, das diese zu eindrücklicher Teamarbeit befähigt.

Oben: Ausstellungshunde haben zu lernen, sich gegenseitig auch in nächster Nähe zu tolerieren. Zudem müssen sie es akzeptieren, vom Richter, der ihnen allermeistens fremd ist, betastet zu werden.

Unten: Ein Richter begutachtet die Rückenlinie eines Rauhhaardackels. Die Anforderungen, die an das Erscheinungsbild von Ausstellungs- und Zuchthunden gestellt werden, sind in den offiziellen Rassestandards festgehalten. Darin können auch typische Mängel aufgelistet sein.

FÜTTERUNG & GESUND-

HEITSPFLEGE

Hunde sind in ihren Freßgewohnheiten äußerst anpassungsfähig, und diese Eigenheit ist es auch, die der weiten Verbreitung des Wolfes zugrunde liegt. Sie erklärt zudem, warum Hunde überall sogar von Naturvölkern gehalten werden. Zwar sind Caniden Fleischfresser, nehmen aber auch Aas zu sich, und wenn sie nichts anderes mehr finden, verzehren sie fast alles, was irgendwie eßbar ist – Insekten, Beeren und selbst Pflanzen mit eingeschlossen. Diese Art Leben hat jedoch seinen Preis, und so weisen Wölfe eine wesentlich kürzere Lebenserwartung auf als ihre domestizierten Verwandten. Große Fortschritte auf dem Gebiet der Gesundheitspflege, vor allem für ältere Tiere, bedeutet, daß die Hunde heutzutage länger leben als jemals zuvor. Selbst große Rassen, die allgemein ein kürzeres Dasein fristen als kleine, werden nun nicht selten über zehn Jahre alt.

FÜTTERUNG
Futter und Spezialkost

Hunde ziehen es wie die Wölfe vor, sich von Fleisch zu ernähren, aber sie fressen auch Gemüse, und es sind speziell zusammengestellte vegetarische Diäten erhältlich, um sie bei guter Gesundheit zu halten. Fütterung von Fleisch ist nicht ganz gefahrlos, denn während der Wolf zum Fraß einen ganzen Tierkörper zur Verfügung hat, erhält ein Haushund nur ausgewählte Stücke oder Organe wie Milz oder Pansen. Und das bedeutet für ihn freilich keine ausgeglichene Kost. Fleisch von Organen z. B. ist arm an Kalzium, und ein Hund, der vor allem damit gefüttert wird, leidet bald an Mangelerscheinungen, sofern man solches Futter nicht mit Zusätzen ergänzt.

Art und Menge des Futters hängt bei jedem Hund von seinem Aktivitätsgrad ab. Klarerweise erfordert ein Greyhound, der mitten in seiner Rennkarriere steht, ganz andere Kost als ein älterer Familienhund mit ruhigerem Lebensstil. Eine andauernd wachsende Auswahl an Hundenahrung für alle Lebenslagen und Lebensabschnitte ist heute im Handel erhältlich.

Praktischer Hinweis

Möchten Sie Ihren Hund wägen, heben Sie ihn hoch und stellen sich zusammen mit ihm auf die Badezimmerwaage. Die Differenz zu Ihrem Gewicht ergibt das Gewicht Ihres Hundes.

Das stets wachsende Angebot an ausgewogenen Futtermitteln hat die Hundehaltung wesentlich erleichtert und dementsprechend noch populärer gemacht. Moderne Hundenahrungen enthalten alle wichtigen Bestandteile, die ein Tier braucht, um bei guter Gesundheit zu bleiben, und zudem können sie direkt aus Büchse, Packung oder Sack verwendet werden.

Büchsenfutter

Büchsenfutter erfreuen sich seit Jahren großer Beliebtheit. Hunde scheinen sie besonders zu mögen, weil ihr relativ hoher Wasseranteil jenem von Frischfleisch ähnlich ist. Büchsen haben jedoch den Nachteil, daß sie in großer Menge schwer zu schleppen sind; und wird ihr ganzer Inhalt nicht sofort aufgebraucht, muß man den Rest im Kühlschrank aufbewahren. Sonst verdirbt er rasch und zieht zudem Fliegen an. Spezielle Plastikdeckel sind erhältlich, um diesen Problemen etwas vorzubeugen und vor allem auch, um Küche oder Kühlschrank vor dem Futtergeruch zu bewahren.

Trockenfutter

Seit einiger Zeit sind Trockenfutter weitaus am populärsten. Sie ergeben konzentriertere Fütterungsrationen als Büchsennahrung, und wegen ihres niedrigen Wassergehaltes sind sie sehr leicht zu lagern. Man muß einzig auf einen trockenen Aufbewahrungsort achten. Lesen Sie jedoch die auf Packungen oder Säcken

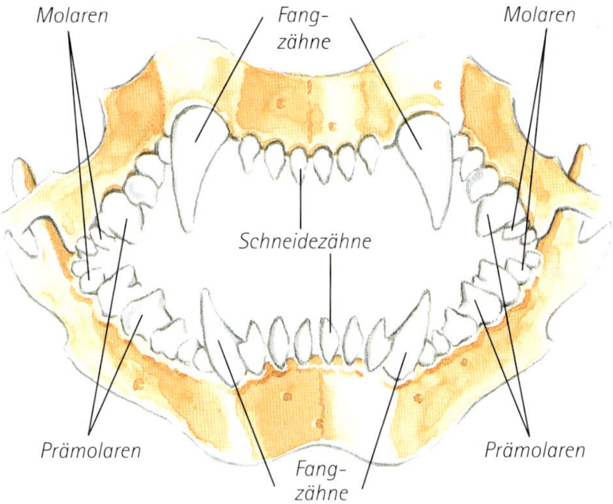

Das Gebiss des Hundes. Es zeigt das typische Muster eines Fleischfressers: Kräftige und spitze Fangzähne, die zum Töten der Beute gebraucht werden und in den Fangecken sitzen; Schneidezähne, die helfen, die Beute zu greifen; scharfe und robuste Prämolaren und Molaren zum Zertrennen und Zerbeißen von Fleisch und Knochen.

aufgedruckten Anweisungen sorgfältig durch. Sollten Sie Ihrem Hund nämlich ständig zuviel füttern, wird er bald Zeichen von Fettleibigkeit zeigen.

Der Gebrauch von Trockenfutter empfiehlt sich besonders für Rassen wie Pudel, die sehr unter Zahnzerfall und Zahnfleischproblemen leiden können. Diese Art Nahrung hilft, daß die Zähne frei bleiben von Zahnstein, der die Grundursache mancher Zahnprobleme darstellt. Denken Sie jedoch daran, daß ein mit Trockenfutter ernährter Hund mehr trinkt, weil er die dort fehlende Flüssigkeit wettmachen muß.

Halbnasses Futter

Der dritte Typ des im Handel erhältlichen Futters ist halbnaß. Er hat sich aber, was etwas überraschen mag, unter den Hundehaltern nie so richtig durchgesetzt. Halbnasses Futter soll die Charakteristika von Büchsenfutter kombinieren mit den Bequemlichkeiten und der Konzentriertheit von Trockennahrung. Der Zusatz von Zucker als Konservierungsmittel hat zur Folge, daß man es nicht für Tiere verwenden darf, die an Diabetes leiden. Es wird in Packungen verkauft, die man nach jeder Futterentnahme wieder gut verschließen muß, damit der Inhalt nicht austrocknet.

Fettleibigkeit

Ein Hauptproblem in der heutigen Hundewelt ist die ständig wachsende Zahl von Hunden, die an Fettleibigkeit leiden. Man rechnet, daß ungefähr 30 Prozent der Hundepopulation in Europa und Nordamerika davon betroffen ist. Machen Sie sich über das Gewicht Ihres Hundes Gedanken, können Sie sich erst einmal in einem Buch informieren, in welchem Ihre betreffende Rasse beschrieben ist. Denken Sie auch daran, daß Rüden im allgemeinen nicht nur größer sind als Hündinnen, sondern auch insgesamt etwas schwerer gebaut. Bei einem Mischling ist es sicher schwieriger, dessen ideales Gewicht zu ermessen, doch eine brauchbare Faustregel läßt sich auch hier anwenden: Sobald Sie die Rippen Ihres Vierbeiners weder sehen noch fühlen können, ist er garantiert zu fett.

Korpulenz kann eine Reihe negativer Auswirkungen auf die Gesundheit eines Hundes haben; z. B. ist sie wie beim Menschen ein zusätzlicher Risikofaktor für Herz- und Gelenkerkrankungen. Kastration, welche eine Veränderung im Hormonhaushalt bedeutet, kann ebenfalls für eine erhebliche Gewichtszunahme verantwortlich sein. Das kann dazu führen, daß Sie nach dem genannten Eingriff die tägliche Futtermenge drastisch reduzieren müssen, um die gute Figur Ihres Hundes einigermaßen zu erhalten.

Selbstverständlich sind auch für Hunde spezielle Schlankheitsdiäten auf dem Markt, aber auf sie allein ist kaum Verlaß. Mehr Bewegung ist genauso wichtig, und die hilft nicht nur das Gewicht Ihres Hundes zu senken oder zu stabilisieren, sondern hält ihn auch fit. Unsere Haushunde führen ein sehr geruhsames Leben, verglichen mit ihren Ahnen, und das äußert sich leicht in übermäßiger Körperfülle.

Eine repräsentative Auswahl an Fertigfuttern sowie Kauartikel und Belohnungshappen. Geben Sie acht, daß Sie Ihren Hund nicht überfüttern, er wird sonst leicht übergewichtig.

Hunde trinken oft viel lieber aus Teichen und Pfützen anstatt aus sauberen Trinkgefäßen. Glücklicherweise werden sie aber sehr selten davon krank. Werfen Sie stets einen Blick auf den Wasserkonsum Ihres Hundes. Er sagt Ihnen einiges aus über seinen Gesundheitszustand.

Wasser

Frisches Trinkwasser sollte Hunden stets zur Verfügung stehen. Verwenden Sie ein Trinkgeschirr, das fest auf dem Fußboden steht und nicht umkippen kann. Es ist zudem notwendig, das Gefäß ca. zweimal pro Woche mit warmem Wasser gründlich auszuwaschen. Andernfalls werden sich darin sehr schnell Bakterien entwickeln, die gerne Verdauungsprobleme verursachen. Dennoch: Hunde trinken oft viel lieber aus stehendem Wasser, z. B. Pfützen oder Weihern, genau wie ihre Vorfahren. Der Grund solchen Verhaltens ist unklar – vielleicht hat es etwas mit dem Geschmack zu tun. Beruhigenderweise nehmen sie aber davon selten Schaden.

Trinken auf dem Spaziergang

Es gibt einige Risiken zu beachten, wenn der Hund auf einem Spaziergang durstig wird. Viel eher als sonst wird er jetzt nämlich verdorbenes Wasser zu sich nehmen. Seien sie deshalb besonders vorsichtig in der Nähe von Bauernhöfen. Vor allem bei heißem Wetter und längeren Fußmärschen sollte man auch an die Bedürfnisse seines Vierbeiners denken und nicht nur an seine eigenen. Mittlerweile sind Wasserflaschen für Hunde, die in ein Trinkgeschirr umfunktioniert und an einem Schulterriemen mitgetragen werden können, im Fachhandel erhältlich.

Unangenehm könnte es auch sein, wenn Sie sich an einem Strand befinden. Sollte Ihr Hund durstig werden und kein Wasser bekommen, könnte er Meerwasser zu sich nehmen. Das würde erstens seinen Durst verschlimmern und könnte ihm zweitens schwere Übelkeit verursachen. Die Probleme könnten u. U. noch größer werden, falls der Hund auf der Suche nach etwas Trinkbarem ins Meer springen würde.

Überwachung des Wasserkonsums

Werfen Sie immer ein Auge darauf, wieviel Wasser Ihr Hund zu sich nimmt, vor allem, wenn er älter zu werden beginnt. Steigender Wasserkonsum kann ein Anzeichen sein für Niereninsuffizienz und eine Reihe anderer Leiden. Beschränken Sie aber die Wasseraufnahme Ihres Hundes unter solchen Umständen nicht, denn das hätte verheerende Folgen. Aber denken Sie daran: Mehr trinken bedeutet erhöhte Urinproduktion, so daß der Hund häufiger nach draußen muß. Und gelegentlich mag ihm eben auch ein Mißgeschick im Haus passieren.

Dieses praktische Trinkgefäß für lange Fußmärsche an heißen Tagen erspart es Ihnen, Wasserflasche und Napf separat mitzutragen. Sogar mit einem Tragriemen ist es versehen.

Wölfe und Hunde trinken auf genau gleiche Art und Weise: Sie lappen das Wasser mit der Zunge auf, die ihnen als Schöpflöffel dient. Es ist unvermeidlich, daß dabei etwas Wasser verschüttet wird, wenn der Hund aus einem Napf trinkt. So sollte dieser wenigstens so konstruiert sein, daß ihn der Hund, sei es mit Schnauze oder Pfote, nicht auch noch umkippen kann.

Praktischer Hinweis

Nicht alle Hunde vertragen Kuhmilch. Manche können sie nicht verdauen und bekommen davon Durchfall. Verwenden Sie statt dessen Milchpulver für Hunde, insbesondere für Welpen. Man kann es in Fachgeschäften kaufen und braucht es nur mit warmem Wasser anzurühren.

KRANKHEITEN UND HEILMITTEL
Frühes Erkennen von Problemen

Wenn Sie mit Ihrem Hund turnusgemäß den Veterinär aufsuchen, können Sie sicherstellen, daß gesundheitliche Probleme in einem frühen Stadium entdeckt werden, was wiederum die Behandlung wesentlich erleichtert. Zwecks Auffrischung des Impfschutzes werden Sie ohnehin einmal im Jahr hingehen.

Verstopfung der Analdrüsen

Eines der geläufigsten Probleme bei Hunden betrifft ihre Analdrüsen. Sie sind ein Paar kleiner Säcke, die sich gerade innerhalb des Afters befinden. Diese Säcke haben eine wichtige Funktion für das Setzen von Duftmarken und produzieren eine scharf riechende Flüssigkeit, die mit dem Kot aus dem Körper austritt. Ihr Geruch versetzt sowohl Wildcaniden wie Haushunde in die Lage, einander wiederzuerkennen.

Unglücklicherweise verstopfen diese Säcke bei Haushunden recht häufig, was sie anschwellen läßt. Das ist für den betroffenen Hund sehr unbequem, und er bemüht sich, die lästige Situation zu beheben, indem er auf der Hinterhand über einen Teppich oder über den Rasen rutscht. Er mag auch mit dem Fang nach hinten greifen, um in die entsprechende Körperstelle zu beißen oder an ihr zu zerren. All seine Bemühungen sind aber meistens umsonst, und es können sich in den Säcken Abszesse bilden, die dem Hund das Kotabgeben sehr schmerzvoll machen.

Der Tierarzt wird in der Lage sein, die Verstopfung zu lösen und die Säcke zu leeren. Wartet man mit der Behandlung allzu lange, kann das Sekret feste Pfropfen bilden, und es mag sein, daß man den Hund anästhesieren muß, um die Säcke durchzuspülen. Rückfälle sind nicht selten, aber indem Sie dem Futter Kleie beifügen, besteht eine große Chance, daß die Analdrüsen in Zukunft richtig funktionieren.

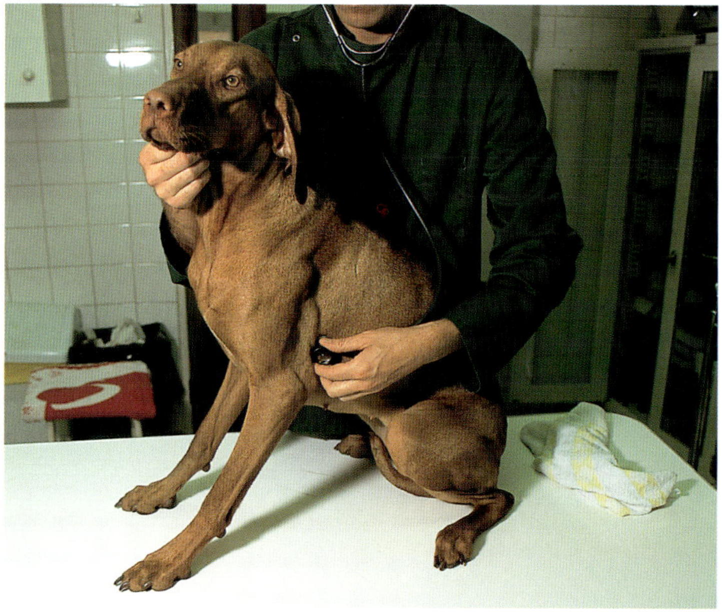

Das Abhören der Herztätigkeit wird den Veterinär auf mögliche Probleme aufmerksam machen. Hunde können Herzkrankheiten unterworfen sein, besonders wenn sie älter werden. Auch Welpen können jedoch an bestimmten Herzdefekten leiden.

Praktischer Hinweis

Hat Ihr Hund Mundgeruch, gehen Sie beim Tierarzt vorbei. Es mag sich dabei ganz einfach um einen kranken Zahn handeln, oder vielleicht ist mit dem Zahnfleisch etwas nicht in Ordnung. Eine Niereninsuffizienz wäre jedoch auch möglich, die mit sorgfältiger Diät weitgehend unter Kontrolle gebracht werden könnte, wenigstens eine Zeitlang.

Praktischer Hinweis

Das Herz ist relativ leicht zu lokalisieren und befindet sich im Körperinnern links auf der Höhe des Ellenbogengelenks.

Herzinsuffizienz

Für ältere Hunde mögen Routineuntersuche im Abstand von etwa sechs Monaten angezeigt sein. Wenn Ihr Veterinär mit einem Stethoskop die Brust Ihres Tieres abhört, kann er Funktionsstörungen im Herzen feststellen, und solche sind bei älter werdenden Hunden relativ häufig. Sie leiden zwar selten an einer Erkrankung der Herzkranzgefäße (im Gegensatz zum Menschen), dafür sind sie eher Herzklappenstörungen unterworfen.

Typische Symptome eines Herzklappenleidens sind Husten und Ermattung nach einem Spaziergang. Sie lassen vermuten, daß sich die Mitralklappe auf der linken Herzseite verdickt hat und nicht mehr richtig arbeitet. Wenn die Insuffizienz mit der Trikuspidalklappe auf der rechten Seite zu tun hat, fließt das Blut nicht reichlich genug zurück zum Herzen, was zum Anschwellen anderer innerer Organe, etwa der Leber, führt. Gelegentlich sind beide Klappen in Mitleidenschaft gezogen, so daß der Hund eine Kombination der genannten Symptome zeigt.

Wirksame Behandlung ist möglich, um die Lebensqualität des Hundes zu verbessern. Das Medikament Digitalis, z. B., hilft, die Kontraktilität (= Fähigkeit, sich zusammenzuziehen) des Herzmuskels zu verbessern, so daß er trotz schadhafter Klappe effizienter funktioniert. Harntreibende Mittel sorgen dafür, daß überschüssige Flüssigkeit, die sich aufgrund des geschwächten Herzens im Kreislauf ansammelt, ausgeschieden wird. Dadurch muß das Herz weniger heftig pumpen und kann dementsprechend nutzbringender arbeiten. Hat man die anfängliche Grundkur beendet, muß die Dosis so eingestellt werden, daß eine möglichst normale Herzfunktion garantiert ist. Diese wird man dem Hund bis an sein Lebensende regelmäßig verabreichen müssen, was allerdings keine maßgeblichen Kosten verursacht.

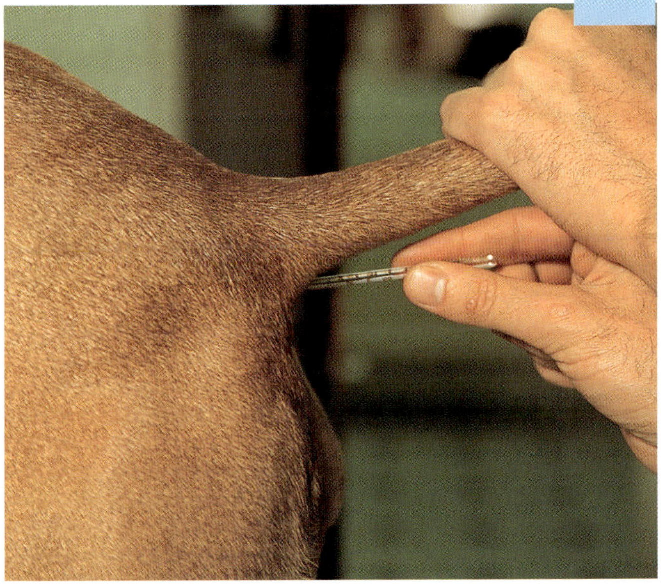

Nehmen Sie einem Hund die Temperatur, können Sie sich ein gewisses Bild von seinem gesamten Gesundheitszustand machen. Dies ist jedoch sorgfältig auszuführen, um Schmerz oder Verletzung zu vermeiden. Je nach Temperament muß der Hund deshalb mehr oder weniger gut festgehalten werden.

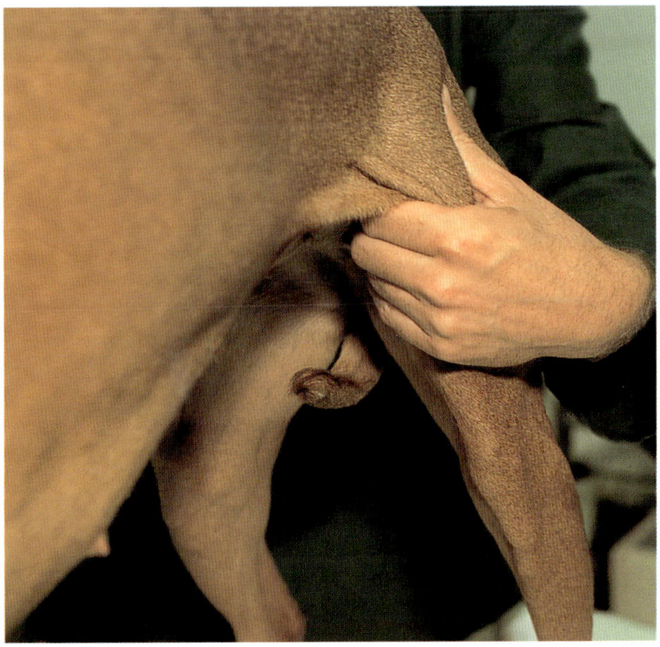

Die beste Stelle zum Messen des Pulses liegt auf der Innenseite des Oberschenkels, wo dessen Arterie durchführt. Der Puls kann besonders wichtig sein nach einer Verletzung. Wenn Sie ihn zu finden versuchen, dürfen Sie nicht zu stark auf die Haut drücken, weil Sie ihn dadurch u.U. nicht mehr spüren.

Verabreichen von Medikamenten

Es kann ja kein Zufall sein, daß Hunde heutzutage länger leben als je zuvor. Zu einem großen Teil liegt das am besseren Verständnis für ihre medizinischen Bedürfnisse, und gewisse Tierarztpraxen unterhalten gar eine Klinik für alternde Hunde. Im Gegensatz dazu müssen Wölfe und andere Wildcaniden ganz einfach Glück haben, wenn sie ein ebenso hohes Alter erreichen wollen.

Pillen eingeben

Es gibt eine Reihe von sehr grundsätzlichen gesundheitsfördernden Maßnahmen, welche Hundebesitzer bei Gelegenheit auszuführen haben. Und die Sache wird einfacher, wenn man als Neuling zuerst an einem Welpen üben kann, denn er ist wesentlich einfacher zu handhaben als ein erwachsenes Tier.

Dem Hund eine Tablette einzugeben, ist eine recht einfache Sache, wenngleich manche sie schwierig finden. Manchmal ist es möglich, die Pille dem Futter beizugeben und so zu verbergen. Doch funktioniert das erstens nur, wenn Sie naß füttern; und so ganz sicher, daß der Hund das Medikament auch wirklich eingenommen und nicht wieder ausgespuckt hat, sind Sie dann trotzdem nicht. Das ist vor allem dann der Fall, wenn Sie die Pille einer ganzen Futterration beifügen (was nicht zu empfehlen ist) oder Ihr vierbeiniger Freund zu den lustloseren oder einfach langsamen Fressern gehört.

Wie dem auch sei: Bringen Sie Ihrem Hund bei, daß er Ihnen erlaubt, seinen Fang zu öffnen. Üben können Sie dies gelegentlich dadurch, daß Sie ihm ein Spielzeug, einen Knochen oder was auch immer aus dem Fang nehmen, indem Sie diesen aufdrücken. Das wird er Ihnen bald überhaupt nicht mehr übelnehmen, wenn Sie ihm den Gegenstand (sofern er auch wirklich ihm gehört!) anschließend sofort wieder zurückgeben.

Folgen Sie der Technik auf dem ersten Bild rechts, und wenn es der Hund bereits gewohnt ist, sich von Ihnen in dieser Hinsicht etwas gefallen zu lassen, werden Sie ihm die Tablette anstandslos verabreichen können. Will er sie nicht schlucken, streicheln Sie ihn unter der Kehle, was in den allermeisten Fällen hilft.

Eingeben von Flüssigkeiten

Auch das Verabreichen flüssiger Medikamente ist relativ einfach, obwohl es vorteilhaft sein mag, den Hund dafür auf eine Bank oder einen Tisch zu heben, weil er sich da schlechter wehren kann als auf dem Fußboden. Tragen Sie jedoch bei schweren Rassen Sorge zu Ihrem Rücken. Legen Sie den linken Arm um die Brust des Hundes und greifen Sie mit dem rechten um dessen Hinterläufe. Nun drücken Sie ihn an Ihren Körper und heben ihn auf.

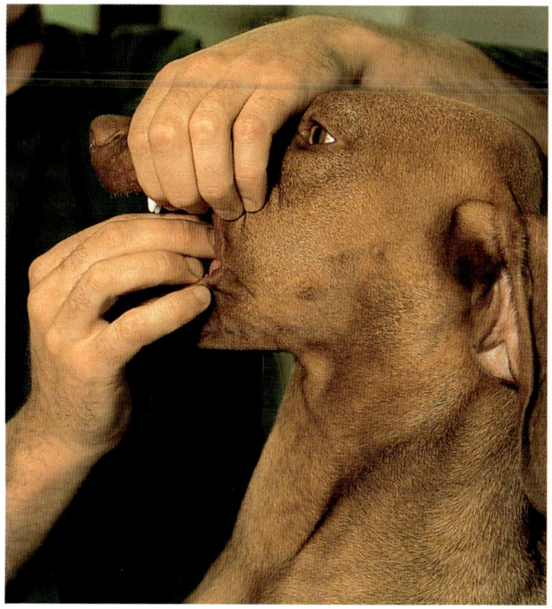

Um Ihrem Hund eine Pille zu geben, halten Sie seinen Oberkiefer von oben mit der linken Hand fest und drücken ihm sorgfältig, aber bestimmt mit Daumen und Fingern den Fang auf.

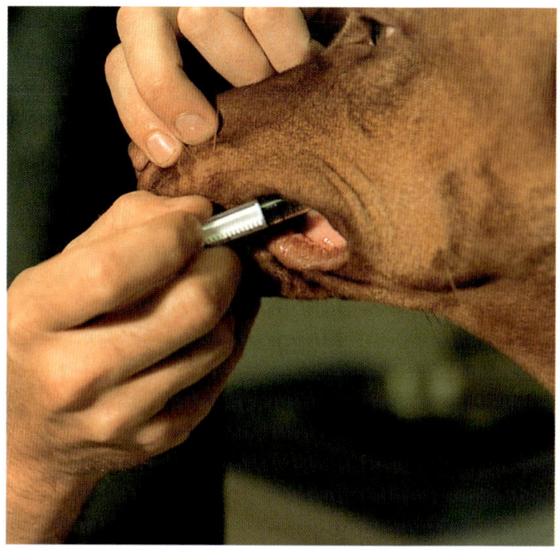

Dann nehmen Sie die rechte Hand und pressen den Unterkiefer nach unten, um anschließend die Tablette mit Daumen und Zeigefinger möglichst weit nach hinten zu schieben. Achten Sie darauf, daß die Nase am Ende der Prozedur nach oben zeigt, damit die Pille sicher in den Rachen fällt. Halten Sie den Fang einen Augenblick lang zu und ermuntern Sie den Hund durch Streicheln der Kehle zu schlucken.

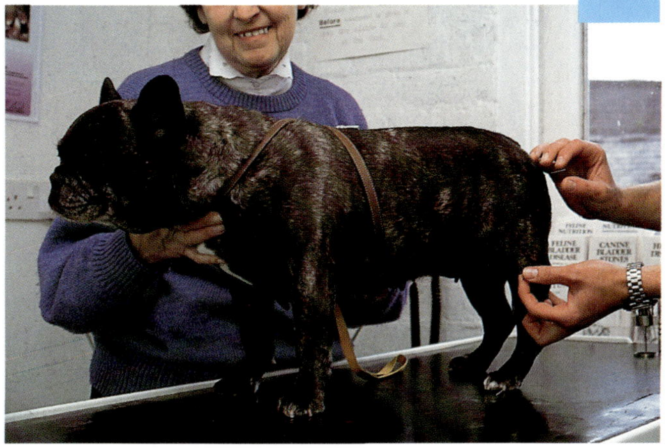

Eine Vielfalt von alternativen Heilpraktiken wird nun auch in der Tiermedizin angewandt, wie hier, wo sich eine Bulldogge einer Akupunkturbehandlung unterzieht.

Spritzen Sie nicht die ganze Flüssigkeit in einem einzigen Strahl in den Fang, weil dies den Hund veranlassen könnte, sie wieder auszuspucken. Zudem besteht die Gefahr, daß er sich verschluckt. Drücken Sie behutsam und regelmäßig auf den Spritzenkolben, und lassen Sie das Medikament langsam ins Maul fließen. Führen Sie den Vorderteil der Spritze an einem der Mundwinkel möglichst weit nach hinten ein, damit die Flüssigkeit sicher die Kehle hinunterrinnt und nicht wieder nach außen gelangt.

Alternativmedizin

Das wachsende Interesse für alternative Heilpraktiken bewegt immer mehr Tierarztpraxen dazu, Behandlungen auf der Basis von Kräuterheilkunde und Homöopathie anzubieten. In der Wildnis, wo die Hundeartigen auf ihre eigenen Fähigkeiten, sich zu behandeln, angewiesen sind, beobachtet man oft, daß sie dicke Grashalme fressen, um erbrechen zu können. Dasselbe sieht man bei Haushunden, vor allem, wenn sie stark von Spulwürmern befallen sind.

Kräuterheilkunde

Es gibt einen bedeutsamen Unterschied zwischen Kräuterheilkunde und Homöopathie. Erstere steht in engerem Zusammenhang mit der althergebrachten Medizin, arbeitet aber einzig mit Kräuterextrakten und nicht mit synthetischen Arzneimitteln. Immerhin, eine ganze Anzahl Produkte, die in der konventionellen Medizin Anwendung finden, wurden ursprünglich aus Pflanzen gewonnen, so z. B. das Herzmittel Digitalis aus dem Fingerhut.

Einige Pflanzenprodukte werden als vorsorgliche Maßnahme empfohlen. Himbeerblättertabletten gibt man gegen Geburtsprobleme, und Meeralgenpulver ist beliebt als Tonikum, weil es ein wertvoller Jodlieferant ist. Dieses wiederum wird von den Schilddrüsen, die sich im Hals befinden, für die Produktion von Hormonen benötigt, welche den Stoffwechsel regulieren. Teebaumextrakt hat wohltuende antiseptische Eigenschaften und wird zur Behandlung von Hautleiden eingesetzt.

Homöopathie

Homöopathie ist etwas grundsätzlich anderes, denn sie vertritt strikte das Prinzip «Gleiches heilt Gleiches». Das bedeutet, daß die Behandlung eines Zustandes die Verwendung einer Substanz notwendig macht, welche ähnliche Symptome erzeugt. Vater der modernen Homöopathie war Samuel Hahnemann. Viele seiner Behandlungen, die noch heute praktiziert werden, sind unterschiedlichsten Ursprungs und stammen sowohl aus dem tierischen, dem mineralogischen wie auch dem pflanzlichen Bereich.

Mehrere Heilmittel können unter Umständen gleichzeitig zur Bekämpfung eines bestimmten Leidens zur Verfügung stehen. Eine ganz bestimmte Spezialbehandlung gibt es gar nicht. Die Homöopathen unter den Veterinären konzentrieren sich sehr stark auf den Gesamteindruck, den ein krankes Tier auf sie macht, und nicht einfach auf irgendwelche spezifische Symptome. Dieser ganzheitliche Ansatz stellt sicher, daß die Arznei genau auf das zu behandelnde Individuum zugeschnitten ist.

Homöopatische Mittel sind in denselben Formen zu haben wie konventionelle, nämlich als Tabletten, Pulver und Tropfen, und sind daher genauso einfach zu verabreichen. Ein bedeutsamer Aspekt der Homöopathie, den ihre Praktiker immer wieder betonen, ist der, daß sie keine Nebenwirkungen habe. Heutzutage ist es sogar möglich, Hunde nach homöopathischen Prinzipien zu impfen.

Weitere Heilmethoden

Andere Alternativheilmethoden, die manchmal angewendet werden, sind die Akupunktur, die besonders hilfreich erscheint bei schmerzhaften Verletzungen. Anhänger der Bachblütentherapie scheinen oft Erfolg zu haben, wenn es darum geht, verängstigte und nervöse Hunde zu beruhigen und zu entspannen.

Ein Bildnis von Samuel Hahnemann (1755-1843), dem Vater der modernen Homöopathie.

GESUNDHEIT
Bedrohung durch Krankheiten

Entsprechend der Hundezahl, die speziell in städtischen Umgebungen enorm angestiegen ist, hat sich das Gefahrenpotential der Verbreitung von Krankheiten vergrößert. Impfungen vermögen die Ansteckungsgefahr zu verringern, aber weil tödliche Hundekrankheiten, wie z. B. Staupe, relativ selten sind, flammen sie seuchenartig stets dann wieder auf, wenn die Hundehalter gleichgültig werden und den Impfschutz für nicht mehr notwendig halten.

Hunde in Stadtgebieten können Infektionskrankheiten rasch verbreiten. Da jeder Hund gerne überall herumschnüffelt, ist es vor allem der Urin, durch den Krankheiten übertragen werden. Öffentliche Anlagen wie Parks, wo viele Hunde spazierengeführt werden, können besonders gefährlich sein.

Krankheiten werden leicht von Hund zu Hund durch direkten Kontakt übertragen. Dies ist der Grund, weshalb regelmäßig Nachimpfungen vorgenommen werden sollen. Ohne diesen Schutz besteht für Hunde ein ernstes Risiko, irgendeinmal zu erkranken.

Parvovirose

Das Alter des Hundes kann einen Einfluß haben auf den Verlauf der Krankheit. Kleine Welpen, infiziert mit Parvovirose – eine Krankheit die sich unter der Welthundepopulation von den späten siebziger Jahren an weit verbreitete – werden meist durch die Infizierung herzkrank, während ältere Hunde eher unter schwerem blutigen Durchfall leiden, wodurch die Darmschleimhäute permanent geschädigt werden.

Staupe

Eine weitere bedeutende Viruserkrankung, gegen welche geimpft werden muß, ist die Staupe. Hat sich der Virus im Körper eines angesteckten Tieres ausgebreitet, sind Erbrechen und Durchfall typische Symptome. Die Staupe greift auch das Nervensystem an, was oft erst viele Jahre später sichtbar wird. Ein Hund, der unter gelegentlichen Wutanfällen leidet, vor allem, wenn sie begleitet sind von Zuckungen in der Gesichtsmuskulatur, ist höchstwahrscheinlich in jungen Jahren mit Staupe infiziert worden. Verdickung der Fußballen ist ein anderes Krankheitsmerkmal, und bei Welpen können die Zähne braun werden, weil der Zahnschmelz zerstört wird.

Hepatitis

Das Hunde-Adenovirus oder CAV (= engl. canine adenovirus), Typ 1, verursacht die ansteckende Hepatitis, welche die Leber angreift und eine weitere gefährliche Hundekrankheit ist. Tiere, welche sie überstehen, können andere Hunde über ca. sechs Monate hinweg weiterhin anstecken, indem sie das Virus in ihrem Urin weitergeben. Das CAV 2 befällt die Atmungsorgane und ist oft Auslöser des Zwingerhustens (siehe Seite 125).

Leptospirose (Stuttgarter Hundeseuche)

Die Leptospirose ist eine bakterielle Erkrankung, und auch sie kann man durch Impfen verhindern. Mit ihr sind heftige blutige Brechdurchfälle verbunden, und sie wird in mehreren Varianten verbreitet. Eine Form wird vor allem in städtischer Umgebung durch den Urin weitergegeben, eine andere durch Ratten, so daß ihr in erster Linie die Rattenjäger unter den Hunden (z. B. manche Terrierrassen) ausgesetzt sind. Eine dritte Übertragung wird durch Feld- und Waldmäuse verursacht und gelegentlich als die «Berufsinfektion» der Jagdhunde bezeichnet.

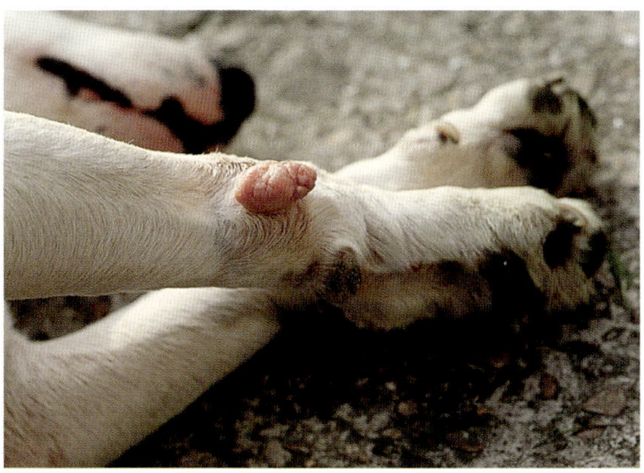

Ein Hauttumor am Lauf eines Bullterriers. In bestimmten Fällen können solche Gewächse von Viren verursacht werden. Auch wenn man sie chirurgisch entfernt, erscheinen sie bei älteren Tieren häufig erneut, wenn deren Immunsystem geschwächt ist. Weiße Hunde sind besonders anfällig.

Praktischer Hinweis

Sagen Sie es ihrem Veterinär, wenn Sie vermuten, daß Ihre Hündin trächtig ist, falls sie geimpft werden soll. Dies kann für die Wahl des Impfstoffes wesentlich sein.

KRANKHEITEN BEI WILDHUNDEN

Einer der weniger offensichtlichen Vorteile eines verteidigten Territoriums ist die Tatsache, daß es von anderen Hunden nicht ohne weiteres betreten wird, was natürlich die Gefahr der Verbreitung von Krankheiten entsprechend reduziert. Wildcaniden sind vor allem Krankheiten ausgesetzt, die in Zusammenhang mit ihren Beutetieren stehen, so z.B. Milzbrand, der die ganze freilebende Tierwelt (und z. T. auch die Menschen) rücksichtslos ausradiert, wo er ausbricht.

Alle Warmblüter sind auf das Tollwutvirus anfällig. Es wird im Speichel übertragen, und Hunde werden üblicherweise durch einen Biß infiziert. Ist ein Hund in einem Rudel vom Erreger befallen, wird er sehr leicht auf die anderen übertragen, was mit ziemlicher Sicherheit das Ende des ganzen Rudels bedeutet.

Tollwut

Tollwut ist die gefürchtetste Krankheit, die Wildcaniden und Haushunde befällt, weil sie auch auf den Menschen übertragen wird. Sobald ihre klinischen Anzeichen sichtbar sind, ist ihr Ausgang ausnahmslos tödlich. In mehreren Teilen der Welt sind Wildcaniden die Hauptträger der Krankheit, und Haushunde werden infiziert durch den Biß eines solchen frei lebenden Tieres. In Europa ist der Rotfuchs der Hauptträger der Tollwut, während weiter im Osten die übrig gebliebene Wolfspopulation die Hauptbedrohung darstellt.

Es hat große Fortschritte gegeben im Kampf um Eindämmung und Elimination dieser gefährlichen Infektionskrankheit, wenngleich zur Zeit sehr wenige Teile der Welt frei davon sind. Das sind in erster Linie Inseln, nämlich Australien, die Britischen Inseln und Island. Rigorose Quarantänebestimmungen sind in Kraft, um dort die Wahrscheinlichkeit einer Infizierung zu verringern. Immerhin werden jetzt gewisse Schritte unternommen, die vielleicht in Zukunft die Quarantäne durch ein striktes Impfprogramm ersetzen könnten.

Übertragung der Krankheit

Andere Tiere werden ebenso vom Tollwutvirus betroffen und geben ihn auch weiter. In den Vereinigten Staaten sind Stinktiere und Waschbären deren Hauptverbreiter. Seien Sie besonders mißtrauisch gegenüber einem Wildtier, das ungewöhnlich zahm erscheint. Es könnte Sie trotzdem auf einmal beißen, und so den Tollwutvirus auf Sie übertragen.

Es ist nicht einmal notwendig, daß die Haut von den Zähnen des Tieres durchstoßen wird, denn der Speichel kann auch durch andere kleine Verletzungen an der Hand in Ihren Körper eindringen. Die Zeitspanne vom Biß bis zum Ausbruch der Krankheit hängt ab von der Nähe der Verletzung zum Zentral-

Internationale Quarantänemaßnahmen sind ergriffen worden, um das Eindringen der Tollwut in Teile der Welt zu verhindern, in welchen sie bei freilebenden Tieren noch nicht vorkommt. Die Quarantänebestimmungen variieren von Land zu Land und hängen davon ab, wie hoch die zuständigen Behörden das Risiko einstufen.

nervensystem. Der Virus bewegt sich dem peripheren Nervensystem entlang und erreicht schlußendlich das Hirn, und von da an werden die tödlichen Auswirkungen rasch erkennbar.

Symptome

Tollwut ist ganz besonders gefährlich bei Hunden, die buchstäblich durchdrehen, so daß ihre Aggression unkontrollierbar wird, während das Virus seine tödliche Wirkung geltend macht. Erstes Zeichen der Erkrankung ist oft, daß tollwütige Hunde jeglichen Lärm als ausgesprochen irritierend empfinden. Dann fangen sie an, fast alles zu attackieren, was ihnen in den Weg kommt - sowohl unbewegliche Gegenstände als auch Lebewesen, die an ihnen vorübergehen. Im Gegensatz zu Menschen entwickeln Hunde allerdings keine Hydrophobie, also Angst vor Wasser.

Die paralytische Krankheitsform, bei welcher der Hund also Lähmungserscheinungen zeigt, kann gefährlicher sein, was die Hundehalter betrifft. Eines der frühesten Anzeichen ist das Hängenlassen des Unterkiefers, welches dem Hund ein Aussehen gibt, als würde ihm ein Gegenstand im Fang stecken. Diesen im jetzigen Stadium nun zu untersuchen, ist überaus riskant, wird man doch unweigerlich mit den Tollwuterregern in Kontakt kommen. Der Hund versucht im Normalfall nicht zu beißen, und die Lähmung erfaßt zunehmend seinen ganzen Körper, bis innerhalb Stunden nach den ersten Erkrankungszeichen der Tod eintritt.

Wolfsrudel haben lange Zeit Ängste in den Menschen geweckt, gegen welche sie aber meist nicht aggressiv sind. Wo dennoch Angriffe vorgekommen sind, stehen sie sehr oft im Zusammenhang mit tollwütigen Tieren, die ihre normale Scheu verloren haben und in ihrer Raserei alles und jedes attackieren.

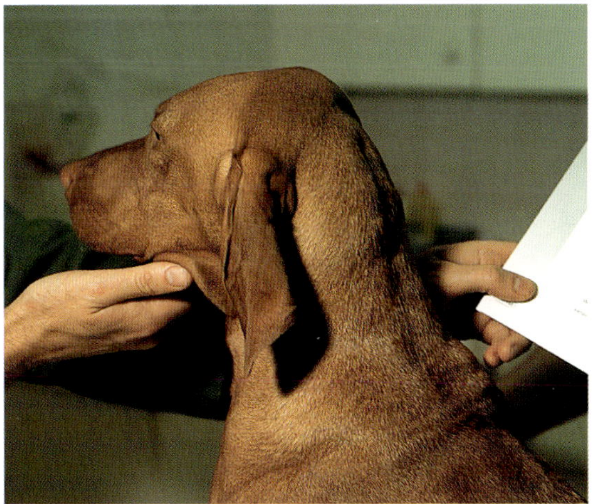

Praktischer Hinweis

Tollwutimpfungen sind in vielen Teilen der Welt, in denen die Krankheit vorkommt, obligatorisch, aber die gesetzlichen Bestimmungen sind von Land zu Land verschieden. Ihr Veterinär wird Ihnen Auskunft geben, was vor allem dann wichtig ist, wenn Sie Ihren Hund ins Ausland mitführen wollen.

Ektoparasiten (ekto... = außen, außerhalb)

Wildcaniden wie Haushunde sind von externen Parasiten bedroht, welche verschiedene Milben, Läuse, Flöhe und Zecken umfassen. Bei wilden Hundeartigen, wie z. B. den Füchsen, kann die Bedrängnis so stark sein, daß die Tiere sogar von einem Bau in einen anderen umziehen, um dem Allerschlimmsten zu entgehen. Wo sie bereits durch Futterknappheit geschwächt sind, kann ein Parasitenfall, insbesondere die Räude, schlußendlich zum Tod führen.

BEDROHT

Parasiten können sich bei geschwächten Tieren einnisten und schließlich ihren Tod verursachen. Tatsächlich leben Wildcaniden auch viel weniger lange als ihre domestizierten Verwandten, sind sie doch in ihren Lebensräumen allen möglichen Gefahren ausgesetzt und haben gelegentlich auch mit Futterknappheit zu rechnen.

Häufigste Ektoparasiten

Fällt Ihnen auf, daß sich Ihr Hund häufig kratzt, untersuchen Sie Ihn auf Anzeichen von Parasitenbefall.

FLÖHE

Haushunde leiden sehr oft unter Flöhen. Diese sind in klimatisch gemäßigten Gebieten mittlerweile ein ganzjähriges Problem, vor allem seit manchenorts in menschlichen Behausungen Zentralheizungen der Normalfall geworden sind. Dennoch sind sie in der Sommerzeit nach wie vor häufiger.

Kratzt sich Ihr Hund immer wieder oder bearbeitet gar bestimmte Körperstellen mit den Zähnen, deutet das sehr stark auf Flohbefall hin. Sie

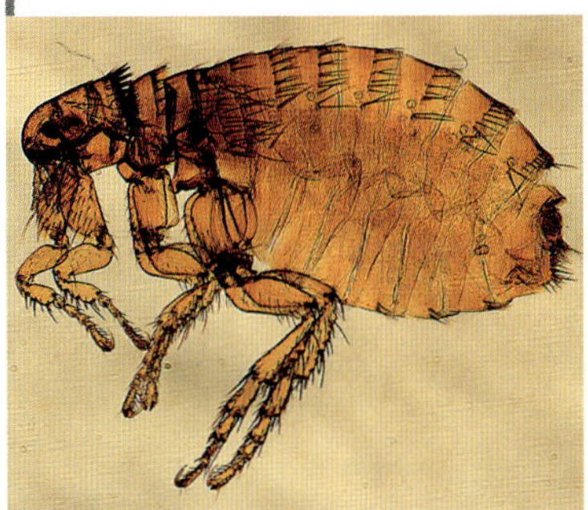

Eine überlebensgroße Abbildung eines Flohs. Flöhe können für einen Hund sehr unangenehm sein.

sollten in diesem Fall einen speziellen Flohkamm verwenden, was Ihnen das Vorhandensein dieser Parasiten bestätigen wird. Kämmen Sie den Hund im Freien, denn jeder Floh, der hier abspringt (anstatt im Haus!) wird Ihnen kaum mehr Probleme verursachen. Wenn Sie genauer hinsehen, werden Sie kleine schwarze Punkte, den Kot der Flöhe, im Fell Ihres Lieblings finden. Sie enthalten Spuren von unverdautem Blut, das aus der Haut des Hundes gesaugt wurde und hinterlassen deshalb rötliche Flecken, wenn man sie auf feuchtes, weißes Löschpapier legt. Es gibt diverse Möglichkeiten, Flöhe zu bekämpfen. Kurzfristig ist Pulver oder Spray das beste, um sie zu vernichten. In Fachgeschäften gibt es spezielle Kämme mit hohlen Zacken zu kaufen, mit denen man das Flohpulver tief ins Fell hineinbringen kann, so daß es vom Hund nicht allzu leicht wieder abgeschüttelt wird.

In ernsten Fällen muß der Hund mit einem Spezialmittel gebadet werden, was bestimmt alle vorhandenen Parasiten umbringen wird. Nur genügt das alleine noch nicht – haben doch die erwachsenen Flöhe bereits Eier auf den Hund abgelegt, die aus dem Fell und zumindest auf sein Bett und dessen nähere Umgebung gefallen sind. Sie verwandeln sich schnell in Larven, verpuppen sich und nach kurzer Zeit wird Ihr Hund erneut von Flöhen belästigt.

Darum ist es unerläßlich, daß ganze Bettzeug des Hundes zu waschen und die Umgebung seines Lagers gründlich zu staubsaugen, besonders auch den Wänden entlang, um zu verhindern, daß sich die Parasiten wieder entwickeln können. Im weiteren kann man eines der chemischen Mittel verwenden, die im Handel erhältlich sind und die Entwicklung von Flöhen hemmen oder diese steril machen. Immerhin werden auch wir Menschen von Flöhen gebissen, obgleich sie wenigstens nicht auf unserem Körper leben.

ZECKEN

Zecken sind ein viel kleineres Übel, obwohl sie ein Ärgernis darstellen, besonders, wenn wir den Hund in Wald und Feld bewegen. Die Zecke beißt sich mit ihrem kräftigen Maul in der Haut des Hundes fest und schwillt rasch an, da sie dem Hund

Dieses vergrößerte Bild einer Zecke zeigt, wie sie sich, eng ans Haar geschmiegt, in der Haut festgebissen hat.

Körperflüssigkeit absaugt. Reißen sie den Parasiten nicht einfach ab, wenn Sie darin nicht geübt sind, denn es passiert oft, daß sein Kopf in der Haut steckenbleibt. Und das kann eine Infektion verursachen. Beschmieren sie statt dessen den Körper der Zecke mit Vaseline, was deren Atemwege verstopfen und sie darum zum Loslassen bewegen wird. Zecken können Träger der Borreliose oder Lyme-Krankheit sein, eines ernst zu nehmenden Leidens, welches Fieber verursacht und die Gelenke angreift. Zudem verbreiten sie auch parasitär bedingte Erkrankungen über den Blutkreislauf.

LÄUSE

Läuse sind bei Hunden selten ein Problem. Manchmal findet man sie unter Welpen, die unter armseligen Bedingungen aufgezogen werden. Sie kleben im Haar, wo man auch ihre Eier, Nissen genannt, wahrnehmen kann. Eine Antiflohbehandlung wird auch sie ausmerzen.

DERMODIKOSE und SARKOPTES-RÄUDE

Beide Krankheiten werden von mikroskopisch kleinen Milben hervorgerufen und sind nicht einfach zu behandeln. Dermodex-Milben kommen oft bei Dackeln vor und nisten sich in deren Haarbälgen und Hauttalgdrüsen ein. Sarcoptes-Milben leben oberflächlicher und verursachen eine Rötung der nackten Haut auf der Unterseite der Oberschenkel. Hautproben mögen notwendig sein,

Endoparasiten (endo... = innen, innerlich)

Die Kost von Karnivoren (= Fleischfressern) kann diese innerlichen Parasiten ausliefern, deren Lebenszyklen eng mit den Beutetieren zusammenhängen. Dieser Zusammenhang besteht beim Haushund kaum mehr, weil er mit zubereiteter Nahrung gefüttert wird, die frei von Parasiten ist. Nur in seltenen Fällen erhält ein Hund rohen Fisch oder Frischfleisch. Und trotzdem können auch Hunde sehr unter internen Parasiten leiden, vor allem unter Spulwürmern, welche direkt von einem Tier auf das andere übertragen werden.

Praktischer Hinweis

Führen Sie das vom Tierarzt empfohlene Entwurmungsprogramm sorgfältig durch, um nach Möglichkeit bei Ihrem Hund die Gefahr einer Verwurmung auszuschalten.

Bestimmte Parasiten, vor allem Bandwürmer, haben einen zweistufigen oder indirekten Lebenszyklus, was bedeutet, daß sie einen Zwischenwirt passieren müssen, z. B. einen Floh oder ein Schaf, bevor sie einen Hund wieder befallen können.

Häufigste Endoparasiten

Würmer haben nicht nur auf Hunde eine nachteilige Wirkung, sondern beeinträchtigen unter Umständen auch die menschliche Gesundheit in schwerwiegender Weise.

SPULWURM

Welpen können sogar mit Spulwürmern geboren werden, indem sie vor der Geburt von der Mutter infiziert wurden. Das Besorgniserregende an einem Wurm, bekannt als Toxocara canis, ist, daß er auch Menschen befällt, insbesondere kleine Kinder. Das Risiko, ihn aufzulesen, besteht in öffentlichen Parks, wo viele Hunde spazierengeführt werden, doch kann er genauso von Füchsen hinterlassen werden und in gewissen Gebieten sogar von Wölfen.

Um das Spulwurmproblem im Griff zu haben, braucht es regelmäßige Entwurmung, die vor allem auch bei Hündinnen vor dem Decken wichtig ist. So ist das Risiko am geringsten, daß schon neugeborene Welpen verwurmt sind. Die Mutterhündin kann ihren Nachwuchs auch unmittelbar nach der Geburt infizieren, wenn sich Wurmlarven in ihrer Milch befinden. Haben sich erst einmal Würmer im Verdauungstrakt der Welpen voll entwickelt, werden auch sie mikroskopisch kleine Wurmeier in deren Kot produzieren.

Kinder muß man strikte daran gewöhnen, sich die Hände zu waschen, wenn sie mit einem Welpen gespielt haben, vor allem auch vor dem Essen, damit sie die Eier nicht zu sich nehmen. Andernfalls besteht ein – zwar sehr geringes – Risiko, daß die Larven durch den Körper eines Kindes wandern bis zu den Augen, wo sie eine Zyste und schlußendlich Blindheit hervorrufen könnten.

BANDWÜRMER

Bandwürmer sind durch ihre flache, nudelartige Form sehr leicht von anderen Würmern zu unterscheiden. Hunde können von einer Reihe von Arten befallen werden. Die bekannteste ist der Hundebandwurm, Dipylidium caninum. Er hat einen Lebenszyklus, in welchem der Floh eine Rolle spielt. Deshalb ist es ratsam, Hunde, die Flohprobleme gehabt haben, anschließend gleich noch gegen Bandwurmbefall zu behandeln.

Die Bandwurmeier treten durch den After aus und bleiben am Fell hängen, wo sie von Flöhen vertilgt werden. Fängt und vertilgt der Hund nun einen solchen Floh, wird höchstwahrscheinlich ein neuer Bandwurm in seinem Körper heranwachsen. Die übliche Behandlung erfolgt durch Tabletten.

HERZWURM

Je nachdem, in welcher Weltgegend Sie leben, sind noch weitere Endoparasiten von gewisser Bedeutung, in wärmeren Ländern speziell der Herzwurm (Dirofilaria immitis). Stechmükken verbreiten ihn, wenn sie Blutsaugen dadurch, daß sie sogenannte Microfilariae in den Hundekörper spritzen. Im Kreislaufsystem wachsen diese zu voll entwickelten Würmern heran, die sich letztendlich in der Nahe des Herzens niederlassen und möglicherweise den Tod des betroffenen Tieres herbeiführen. Präventivbehandlung d. h. regelmäßige Abgabe von schützenden Medikamenten, ist ratsam.

HAKENWÜRMER

Hakenwürmer können ebenfalls schwerwiegende Folgen mit sich bringen. Man findet sie vorzugsweise in feuchten Umgebungen und einmal mehr in wärmeren Teilen der Erde. Sie sind imstande, sich direkt in die Füße von Hunden und anderen Tieren zu bohren. Von dort pflegen sie in die Eingeweide zu wandern. Sie können, je nach Wurmart, schwere Anämie (= Blutarmut, Verminderung der roten Blutkörperchen) bewirken. Es waren in der Tat Hakenwürmer, die sehr stark am Niedergang des Rotwolfes in seinen letzten Rückzugsgebieten in Texas beteiligt waren, bevor man das nun laufende Wiedereinsetzungsprogramm aufnahm.

Praktischer Hinweis

Nehmen Sie den Kot Ihres Hundes immer sorgfältig auf, sei es zu Hause oder in öffentlichen Anlagen. Damit helfen Sie, die Verbreitung von Wurmeiern in Grenzen zu halten. Wurmeier sind nicht unmittelbar nach ihrer Ablage infektiös. Sie brauchen mehrere Tage, um zu reifen, können dann aber jahrelang überleben.

HUNDEFERIENHEIME

Es gibt fast sicher Situationen, in denen Sie die Dienste eines Tierheimes beanspruchen müssen. Sind Ihnen die Heime in Ihrer Umgebung nicht bekannt, fragen Sie Ihre Hunde besitzenden Freunde um Rat. Eine gute Idee ist es auch, verschiedene Anlagen zu besichtigen, bevor man sich entschließt, seinen Hund irgendwo anzumelden oder hinzubringen.

Wahl des Heimes und Anmeldung

Die Zwinger sollten innen und außen sauber und die Ausläufe ausbruchsicher sein. Die Innenräume müssen in der kalten Jahreszeit geheizt werden. Aber lassen Sie sich nicht einfach durch gepflegte und zweckmäßige Anlagen beeindrucken – das Verhalten und die Einstellung des Pflegepersonals ist ebenso bedeutungsvoll, hat sich doch Ihr Hund in einer ihm völlig fremden Umgebung zurechtzufinden. Eine dem Hund vertraute Wolldecke, die nach daheim riecht, oder ein Spielzeug, mögen ihm dabei behilflich sein.

Sie sollten auch Namen und Telefon Ihres Tierarztes hinterlassen, so daß das Heim im Notfall mit dessen Praxis Kontakt aufnehmen kann. Nützlich ist es auch, wenn man Sie selbst oder zumindest eine Kontaktperson telefonisch erreichen kann. Im weiteren ist es wichtig, daß Sie allfällige spezielle Bedürfnisse Ihres Hundes mit der Heimleitung besprechen.

Schauen Sie sich ein Hundeferienheim an, bevor Sie Ihren Hund hinbringen, falls er vorher noch nie dort war oder Sie die Anlage nicht aus anderen Gründen kennen. Reinlichkeit ist sicher oberstes Gebot, aber besonders berücksichtigt werden müssen auch die Platzverhältnisse. Ist es doch bedeutsam für einen Hund, sich ausreichend bewegen zu können und sich nicht in irgendeiner dunklen Ecke zu Tode langweilen zu müssen.

Praktischer Hinweis

Ausstellungshunde werden regelmäßig gegen Zwingerhusten geimpft. Die Verbreitung dieser Infektion ist so gut wie unmöglich zu verhindern, wo Hunde zusammenkommen und miteinander im Inneren von Räumlichkeiten gehalten werden.

Wie lebt sich Ihr Hund ein?

Die allermeisten Hunde kommen mit ihrer neuen Situation sehr bald gut zurecht, obwohl der Umgebungswechsel fast immer mit Streß verbunden ist. Da so viele Tiere miteinander in denselben Räumlichkeiten untergebracht sind, ist die Verbreitung von Infektionskrankheiten entsprechend groß. Deshalb nehmen verantwortungsbewußte Tierferienheime nur Hunde mit wirksamem Impfschutz in Obhut. Packen Sie deshalb auch den Impfpaß Ihres Schützlings ein, bevor Sie hingehen. Andernfalls könnte es Ihnen leicht blühen, daß Sie zurückfahren müssen, um ihn zu holen; besonders dann, wenn man Sie und Ihren Hund im Heim nicht kennt.

Hunde bellen oft stundenlang in Tierheimen, weil sie durch die Geräusche der anderen Hunde irritiert werden. Dies und die eben erwähnte Nähe zu anderen Hunden hat zur Folge, daß Erkrankungen der Atmungswege sehr häufig sind. Eine Impfung gegen Zwingerhusten ist deshalb wichtig.

Zwingerhusten

Für den Zwingerhusten gibt es keine Einzelursache, aber das obenerwähnte CAV 2 und ein bestimmtes Bakterium, das Bordetella bronchoseptica, sind häufig involviert. Eine Abdeckung aller Ursachen läßt sich deshalb mit einer Impfung zwar nicht erreichen, aber immerhin ein hoher Schutzgrad.

Praktischer Hinweis

Sollte der Impfausweis Ihres Hundes aus irgendeinem Grund unauffindbar sein, so wird Ihnen Ihr Tierarzt anhand seiner Akten sicher ein Duplikat ausfertigen.

Für ältere Tiere ist dies besonders wichtig, weil sie einer Infektion stärker ausgeliefert sind als jüngere. In den meisten Fällen gibt der betroffene Hund einen klar erkennbaren Husten von sich, den Sie auch leicht selbst auslösen können, wenn Sie ihm die Hand auf die Kehle legen. Zwingerhusten sollte von sich aus innerhalb ca. dreier Wochen verschwinden, wobei er sich allerdings bei älteren Hunden zu einer Lungenentzündung ausweiten kann, sofern man keine Gegenmaßnahmen trifft.

Bevor Ihr Hund ins Ferienheim geht, sollte er vorsichtshalber gegen Zwingerhusten geimpft werden. In diesem Fall wird das Vakzin in die Nasenlöcher gespritzt.

ZUCHTPROBLEME
Scheinträchtigkeit

Wildcaniden, so z. B. Wölfe, haben nur eine Hitze pro Jahr, und innerhalb des Rudels ist es meistens nur die dominante Wölfin, die trächtig wird. Die anderen Weibchen werden in die Aufzucht ihrer Jungen miteinbezogen und werden deshalb «scheinträchtig», was bedeutet, daß sie Milch haben. Sollte nun der leiblichen Mutter der Welpen ein Unglück zustoßen, könnten diese von den anderen Wölfinnen des Rudels dennoch aufgezogen werden. Gäbe es die Scheinträchtigkeit nicht, wäre ihr Tod unausweichlich.

Scheinträchtigkeit kann während des ganzen Lebens einer Hündin ständig wieder auftreten, wenn diese nicht kastriert wird.

Scheinträchtigkeit bei Hunden

Die Situation bei einer Haushündin ist freilich etwas anders. Scheinträchtigkeit ergibt sich dann, wenn die Hormone im Körper der Hündin dieser signalisieren, sie sei trächtig, obwohl sie sich vorher nicht paarte. Das geschieht, weil an den Stellen, wo ihre Eier die Eierstöcke verlassen, sich Gebilde formen, die sich Corpora lutea nennen. Diese sind für eine erfolgreiche Schwangerschaft entscheidend, da sie das Hormon Progesteron liefern.

Dieses ermöglicht es den sich entwickelnden Eiern, sich im Uterus der Mutterhündin einzunisten, wo sie anfangen, sich zu Welpen zu entwickeln. Hat kein Deckakt stattgefunden, hören die Corpora lutea sehr bald auf, Progesteron zu produzieren, und Zeichen einer Schwangerschaft werden somit nicht sichtbar.

Im Falle einer Scheinschwangerschaft geht der Ausstoß des Hormons weiter, was markante Auswirkungen auf den Körper hat, so daß die Hündin tatsächlich als trächtig erscheint. Ihr Uterus wird größer, wodurch auch ihr Bauch wächst. Die Produktion des Progesterons mag gar ausreichen, um die Milchdrüsen anwachsen zu lassen, und oft haben scheinträchtige Hündinnen tatsächlich Milch.

Praktischer Hinweis

Glauben Sie nicht, Scheinträchtigkeit werde bei Ihrer Hündin später verschwinden, wenn sie einmal Welpen haben darf. Falls Sie nicht wirklich züchten wollen, schaffen Sie sich so nur zusätzliche Probleme: Sie müssen für den Nachwuchs gute Plätze finden, was nicht immer einfach ist, und falls Sie ein paar Welpen selbst behalten müssen, kann das ebenfalls Probleme schaffen - einmal abgesehen davon, daß es auch kostspielig ist.

Behandlung von Scheinträchtigkeit

Eine scheinträchtige Hündin neigt sehr dazu, Spielsachen, Schuhe oder alle möglichen anderen Objekte wie Welpen zu behandeln. Unter Umständen umsorgt und beschützt sie sie sehr intensiv und schnappt sogar nach Ihnen, wenn Sie versuchen, sie ihr wegzunehmen. Ihr Tierarzt kann ein Medikament verschreiben, allenfalls ein Beruhigungsmittel und ein Hormonpräparat. Das wird der Hündin sehr schnell über die etwas heikle Zeit hinweghelfen und auch die Milch zum Versiegen bringen. Unternehmen Sie nichts, so kann der Progesteronausstoß bis zu drei Monate lang weiterdauern.

Sind die Symptome verschwunden, werden sie kaum wiederkehren, bevor die folgende Läufigkeit vorbei ist. Oft ist es aber besser, die Hündin kastrieren zu lassen (stets vorausgesetzt, daß Sie sie nicht zur Zucht einsetzen wollen), weil Scheinträchtigkeit in vielen Fällen ständig wiederkehrt und sich zudem oft jedes Mal etwas heftiger abspielt. Im weiteren sind an Scheinträchtigkeit leidende Hündinnen gefährdeter als andere, irgendwann an einer Gebärmuttervereiterung zu erkranken, was lebensgefährlich sein kann.

Praktischer Hinweis

Fängt Ihre Hündin an, wesentlich mehr zu trinken, mag dies ein frühes Anzeichen einer Gebärmuttervereiterung sein. Konsultieren Sie unverzüglich einen Veterinär. Es kann sein, daß sie einen Scheidenausfluß hat. In anderen Fällen – bei einer geschlossenen Gebärmuttervereiterung, sammelt sich der Eiter ganz einfach im Uterus.

RUDELUNTERSTÜTZUNG

Würden Wolfswelpen immer wieder wegsterben, wäre nach einer gewissen Zeit effizientes Jagen im Rudel unmöglich, und dieses würde zwangsläufig auseinanderfallen. Dies träfe vor allem in bestimmten Lebensräumen des hohen Nordens zu, wo es gilt, große und wehrhafte Beutetiere wie Elche zu überwältigen. Ein kleines Rudel ist weit weniger in der Lage, mit solchen fertig zu werden und damit an Nahrung zu gelangen. Zusätzlich ist jeder einzelne Wolf einem größeren Risiko ausgesetzt, bei einer solchen Jagd verletzt oder getötet zu werden. Hier liegt Kraft und Überlegenheit in der Zahl, und Scheinträchtigkeit kann dazu beitragen, sie zu erhalten!

Fell- & Körper-

PFLEGE

Die erforderliche Fellpflege hängt weitgehend ab vom Hund, den Sie sich aussuchen. Grauwölfe weisen unterschiedliche Haarlängen auf, die in Zusammenhang stehen mit ihrem Herkunftsgebiet. Jene aus dem hohen Norden haben einen längeren Pelz als jene, die weiter südlich vorkommen. Selektive Zucht hat zu einer Verlängerung des Haarkleides bei manchen Haushunderassen geführt, und falls Sie sich für irgendeinen langhaarigen Hund entscheiden, müssen Sie bereit sein, dessen Fell täglich zu pflegen. Besondere Sorgfalt ist während des Haarwechsels angezeigt. Nachlässige Pflege führt dazu, daß das Haar verfilzt und sich Knoten bilden. Solche Stellen können meist nicht mehr gebürstet oder gekämmt werden und müssen daher weggeschnitten werden.

Unterschiedliche Rassen haben auch ungleiche Bedürfnisse in der Körperpflege. Das betrifft vor allem Ohren, Augen sowie Zähne und Klauen. Bei den Pekingesen z. B. muß man auf die Augen besonders achtgeben. Diese sind weit vorstehend und daher empfindlich und leicht verletzlich.

FELLPFLEGE
Bürsten, waschen, shampoonieren

Regelmäßiges Bürsten entfernt altes und loses Haar aus dem Fell. Dadurch fühlt sich Ihr Hund nicht nur wohler, sondern es liegen auch in Haus und Wohnung viel weniger Hundehaare herum. Im Frühjahr geht mehr Haar aus als zu anderen Jahreszeiten, und zwar besonders bei Rassen mit dichtem Winterfell, wie z. B. beim Deutschen Schäfer. Dieses wird ersetzt durch ein leichteres Sommerkleid. Eine zweite Haarung findet im Herbst statt, in der Übergangszeit zur kalten Jahreshälfte.

Es ist nicht unbedingt nötig, das ausgebürstete Haar Ihres Hundes wegzuwerfen. Manche Hundehalter heben es auf, um es anschließend zu verspinnen und Pullover oder ähnliche Kleidungsstücke daraus zu fertigen. Der Aufwand für die Fellpflege ist rassenabhängig: Für einen Afghanen brauchen Sie wesentlich mehr Zeit als für den sehr kurzhaarigen Pharaonenhund.

Ein paar geeignete Werkzeuge sollten wir uns für die hier behandelte Arbeit anschaffen. Sie reichen von einfachen Bürsten und Kämmen bis zu Fellpflege-Handschuhen aus Gummi, mit welchen wir den kurzhaarigen Hunden über den Körper fahren, um ihnen einen schönen Glanz zu verleihen. Tägliches Bürsten ist sehr wichtig bei langhaarigen Rassen,

Praktischer Hinweis

Erst kürzlich hat man einen Fortschritt in der Flohbekämpfung erzielt: Ein speziell konstruierter Kamm gibt eine niedrige elektrische Ladung ab, wenn man mit ihm arbeitet. Diese betäubt jeden Floh, den sie trifft, und der Motor schaltet aus, um Ihnen das anzuzeigen. Nun können Sie den Floh leicht lokalisieren und entfernen, ohne dafür chemische Stoffe einsetzen zu müssen.

Wird loses Haar mit einer Spezialbürste entfernt, verhindert man eine Ansammlung auf den Teppichen im Haus. So ist tägliche Fellpflege auch aus diesem Grund zu empfehlen. Haar wird fast dauernd abgestoßen, jedoch in weit größerer Menge während des Haarwechsels, und zwar besonders im Frühjahr, wenn der Hund sein dickes Winterkleid verliert.

sonst kann das Fell sehr rasch verfilzen. Dann wird es unmöglich, die entstandenen Fellknäuel auseinanderzubringen, und letztlich bleibt nichts anderes übrig, als sie abzuschneiden. Das wiederum sieht unschön aus, bis die Stellen wieder nachgewachsen sind.

Fellkontrolle

Regelmäßiges Bürsten und Kämmen Ihres Hundes gibt Ihnen auch Gelegenheit, den Zustand seines Felles zu überprüfen. Sollten sich Probleme zeigen, können Sie gleich etwas dagegen unternehmen. Vielleicht entdecken Sie Flöhe, die Sie mit einem speziellen feinzahnigen Flohkamm fangen müssen.

Achten Sie stets auf allfällige nackte Stellen, besonders dann, wenn sich Ihr Hund in der Nähe vom Bauernhöfen aufgehalten hat. Haarausfall mit charakteristischem Rundmuster ist ein sicherer Hinweis auf die Scherpilzflechte. Sie ist ein typisches Problem bei Jungvieh; und die Sporen verbleiben in einer Gegend während langer Zeit, an Zaunpfählen etwa, wo sich die Rinder zu kratzen pflegten.

Hat man die Scherpilzflechte diagnostiziert, ist eine spezielle Pilzbehandlung notwendig und die Pflegewerkzeuge wirft man am besten weg, falls man sie nicht sehr sorgfältig desinfizieren will. Die Sporen haften nämlich sehr gut daran und können den Hund leicht erneut infizieren. Die Hauptgefahr besteht allerdings darin, daß auch Familienmitglieder befallen werden können. Bei Menschen entstehen runde rötliche Flecken, oft an entblößten Hautstellen, z. B. an den Unterarmen. Suchen Sie den Arzt auf, wenn Sie vermuten, sich die Krankheit zugezogen zu haben.

DICKES FELL

Wie bei den Wölfen ist es auch bei den Hunden kein Zufall, daß Rassen, die aus Gegenden mit kalten Wintern stammen, ein dichteres Fell haben als jene, die man weiter südlich findet, im Mittelmeergebiet etwa. Die isolierende Unterwolle nahe am Körper hilft, die warme Luft dicht an der Haut festzuhalten und schafft so eine Isolationsbarriere gegen die Kälte. Die individuelle Fellzeichnung eines Hundes bleibt aber immer und unabhängig von seinem Haarwechsel in derselben Weise bestehen.

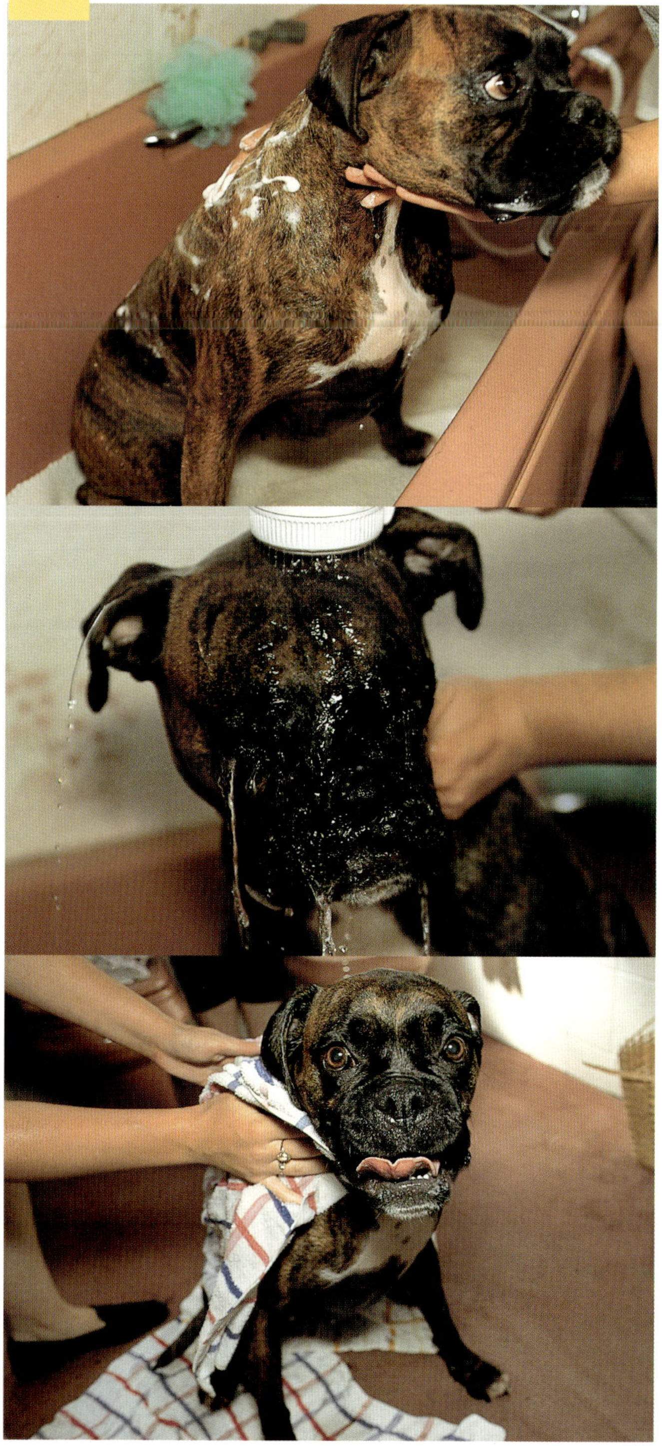

Es gibt Hunde, die Angst bekommen, wenn man sie in eine Wanne stellt. Deshalb sollten sie sich schon früh daran gewöhnen. Benetzen Sie den Kopf stets zuletzt, weil dies einen furchtsamen Hund am meisten irritiert. Anschließend müssen Sie das Shampoo gründlich aus dem Fell spülen.

Baden des Hundes

Die meisten Hunde gehen gern ins Wasser, und sie können auch schwimmen, wenn nötig, indem sie mit den Läufen vorwärtsrudern und mit der Rute steuern. Im Zusammenhang mit der Domestizierung hat man spezielle Hunde herangezüchtet, die Wasserwild aus Sumpfgebieten und Gewässern apportieren. Sie haben oft ein eng anliegendes und dicht gekräuseltes Fell, welches das Wasser abstößt, und einige weisen zwischen den Zehen sogar Schwimmhäute auf, die ihnen das Vorwärtskommen bei der Wasserarbeit wesentlich erleichtern.

Wo baden Sie Ihren Hund?

Den meistens Hunden tut es gut, wenn man sie so alle drei Monate badet. Erstens kann man so jede Spur des typischen und unangenehmen Hundegeruchs entfernen, der nach einer Weile nicht nur im Fell Ihres Tieres, sondern manchmal selbst im Haus wahrnehmbar wird. Man sollte jedoch möglichst nicht das eigene Bad dazu verwenden. Erstens ist dies nicht überaus hygienisch, und zweitens wird mit der Zeit der Boden Ihrer Wanne arg zerkratzt sein.

Viel vernünftiger ist es, das Bad an einem schönen Tag im Freien abzuhalten. Ist Ihr Hund klein genug, können Sie dafür eine Babywanne benutzen. Im Falle eines viel größeren Hundes wird eine Duschgrundausrüstung oder selbst ein Gartenschlauch auch genügen. Nur müssen Sie die Möglichkeit haben, diese an einem Warm-und-kalt-Wasserhahn anzuschließen.

Spezialshampoos für Hunde sind in Fachgeschäften erhältlich. Im weiteren benötigen Sie einen Krug, mit dem Sie Wasser über den Hund gießen können. Fangen Sie damit an, daß Sie das Bad mit lauwarmem Wasser füllen, und stellen Sie den Hund anschließend hinein. Die allermeisten Hunde lassen

Praktischer Hinweis

Vergessen Sie nie, die Unterseite der Ohrmuscheln zu reinigen, wenn Sie Ihren Hund baden. Aber seien Sie vorsichtig, daß kein Wasser in den Gehörgang rinnt.

Praktischer Hinweis

Halten Sie Ihren Hund nach einem Bad ein paar Tage lang von Weiden fern, auf denen sich eben Kühe befunden haben oder sich noch immer aufhalten. Weil ihm im Augenblick sein natürlicher Körpergeruch fehlt, könnte es sein, daß er hinläuft, um sich in einem Kuhfladen zu wälzen. Er tut das nicht, um Sie zu ärgern, sondern um sich wieder zu einem ganz bestimmten Körperduft zu verhelfen.

Hunde reinigen ihr Haarkleid regelmäßig, indem sie es lecken. Das ist zwar schön und gut, aber sollte Ihr Vierbeiner irgendwelche unverträglichen oder gar giftigen Substanzen im Fell haben, z. B. Öl, müssen Sie die betroffene Stelle sofort säubern, damit er sie nicht einnimmt.

das problemlos über sich ergehen, vorausgesetzt, der Wannenboden ist nicht schlüpfrig und das Wasser reicht ihnen nicht über die Brust hinaus.

Wie waschen Sie Ihren Hund?

Füllen Sie den bereitgestellten Krug mit Wasser und benetzen Sie das Fell des Hundes hinter Kopf und Hals. Dann reiben Sie Shampoo ein, bis ein kräftiger Schaum entsteht. Machen Sie sich erst am Schluß an die Kopfgegend, denn das wird Ihren Hund am ehesten irritieren. Tragen Sie unbedingt Sorge, daß kein Shampoo in die Augen dringt. Um das Gesicht sorgfältig zu waschen, eignet sich ein alter Waschlappen bestens. Nachdem Sie das ganze Fell tüchtig bearbeitet haben, müssen Sie es gründlich spülen. Dafür ist eine Duscheinrichtung oder selbst ein Gartenschlauch geeignet, aber denken Sie daran, lauwarmes Wasser zu brauchen. Schlußendlich heben Sie Ihren Schützling aus dem Bad oder gestatten ihm, selbst rauszuspringen. Sobald dies geschehen ist, wird er sich ausgiebig schütteln, um das im Fell verbliebene Wasser loszuwerden. Stehen Sie deshalb einen Moment zur Seite. Anschließend können Sie den Hund mit einem großen Badetuch trockenreiben.

Lassen Sie ihn bei kalter Witterung keinesfalls naß im Freien, denn durch das Bad kann die sonst natürliche Isolation nicht spielen, und der Hund könnte sich leicht erkälten. Um den Trocknungsvorgang zu beschleunigen, können Sie selbstverständlich einen Fön benutzen, den manche Hunde jedoch ganz und gar nicht mögen. Tragen Sie dabei Sorge, die Wärme auf niedrige Stufe einzustellen, um den Hund auf keinen Fall zu brennen.

Professionelle Haarpflege

Eine Reihe von Hunderassen kennen keinen regelmäßigen Haarwechsel. Dazu gehören verschiedene Terrier, etwa der Bedlington, sowie alle Pudel. Hält man sich solche Hunde nicht für Ausstellungen, muß ihr Haarkleid ungefähr alle sechs Wochen zurückgeschnitten werden. Draht-/rauhhaarige Rassen erfordern ebenso mehr Pflege als üblich, denn man muß ihnen das tote Haar im Frühjahr und im Herbst auszupfen. Professionelle Hundesalons werden all dies für Sie tun, und sie werden auf Wunsch Ihren Hund selbstverständlich auch baden.

Falls Sie jemanden suchen, der Ihren Hund frisiert, suchen Sie Rat z. B. bei Ihrem Züchter oder Veterinär. Sie können aber auch ganz einfach zum Telefonbuch greifen, aber seien Sie sich bewußt, daß nicht alle Hundefriseure und -friseusen gleich talentiert und gleich gut ausgebildet sind. Es wird sich daher auf alle Fälle lohnen, jemanden qualifizierten zu suchen, selbst wenn dies etwas teurer sein mag.

Manche Hunde führen sich artiger auf, wenn man sie in einer Umgebung zurechtmachen läßt, die ihnen ungewohnt ist. Dort neigen sie weniger dazu, die Prozedur als eine Art Spiel zu betrachten. Es ist wichtig, den Hund während der Arbeit auf bequemer Höhe und in gutem Licht vor sich zu haben.

Pudel

Das Erscheinungsbild der Pudel mit ihren gekünstelten Frisuren ist nicht jedermanns Sache. Man vergißt aber meist, daß dieses Aussehen eigentlich nicht mehr ist als eine kultivierte Form von jenem ihrer arbeitenden Vorfahren. Pudel verwendete man früher als Apporteure von Wasserwild, und sie mußten deshalb sehr oft in kaltem oder gar eiskaltem Wasser schwimmen.

Ein dichtes Fell schützt zwar vor Kälte, ist aber zum Schwimmen ungeeignet, da es sich mit Wasser füllt und den Hund nach unten zieht. Einen Kompromiß erzielte man dadurch, daß man die Muskelpartien und Gelenke scherte, während man den Körper mit einer dichten Haarschicht beließ, um ihn zu schützen, wenn der Hund durch beinah gefrierendes Wasser schwamm.

Es existieren eine Reihe verschiedener Pudelfrisuren. Welpen gibt man traditionellerweise die sogenannte Babyschur, bei welcher das Haar am

Es gibt einige Rassen, vorab die Pudel, die man am besten durch professionelle Hundefriseure/-friseusen trimmen läßt. Bei den Pudeln sind mehrere Schuren üblich, wobei es sehr darauf ankommt, ob man seinen Hund ausstellen will oder nicht.

Diese beiden Bilder zeigen deutlich, wieviel gefälliger dieser Golden Retriever nach dem Besuch im Hundesalon aussieht. Seien Sie allerdings auf der Hut, daß sich Ihr frisch zurechtgemachter Hund nicht gleich anschließend in irgendwelchem Unrat wälzt, um einen ihm momentan fehlenden Individualgeruch zurückzugewinnen. Wenn Sie Ihren Hund alle zwei bis drei Monate baden oder baden lassen, haben Sie den für viele Menschennasen so unangenehmen Hundegeruch einigermaßen im Griff. Dazu ist allerdings zu bemerken, daß das sogenannte «Hündeln» bei den vielen Rassen ungleich stark ist und nicht einzig von unseren hygienischen Maßnahmen abhängt.

ganzen Körper und am Kopf auf dieselbe Länge zurückgeschnitten wird. Dies ist die einfachste Schur, und es gibt absolut keinen Grund, warum nicht auch ein erwachsenes Tier, das man sich als Familienhund hält, sein Fell so tragen sollte.

Viel komplizierter und entsprechend teurer sind die diversen klassischen Schuren, die für Ausstellungshunde bevorzugt werden. Es überrascht nicht, daß viele Züchter und Aussteller von Pudeln auch Hundefriseure/-friseusen sind. Haben sie doch dieses Handwerk in erster Linie gelernt, um ihre eigenen Hunde möglichst perfekt zurechtzumachen.

Praktischer Hinweis

In der Hundefachpresse stehen gelegentlich Inserate von Fellpflegekursen, und zudem mögen Sie in einer Buchhandlung oder in der Bibliothek Ihrer Stadt nützliche Literatur darüber finden. Auch der entsprechende Rasseclub kann Ihnen weiterhelfen.

Eine Auswahl an Frisierwerkzeugen, die es in den meisten Tierfachgeschäften oder Hundesalons zu kaufen gibt.

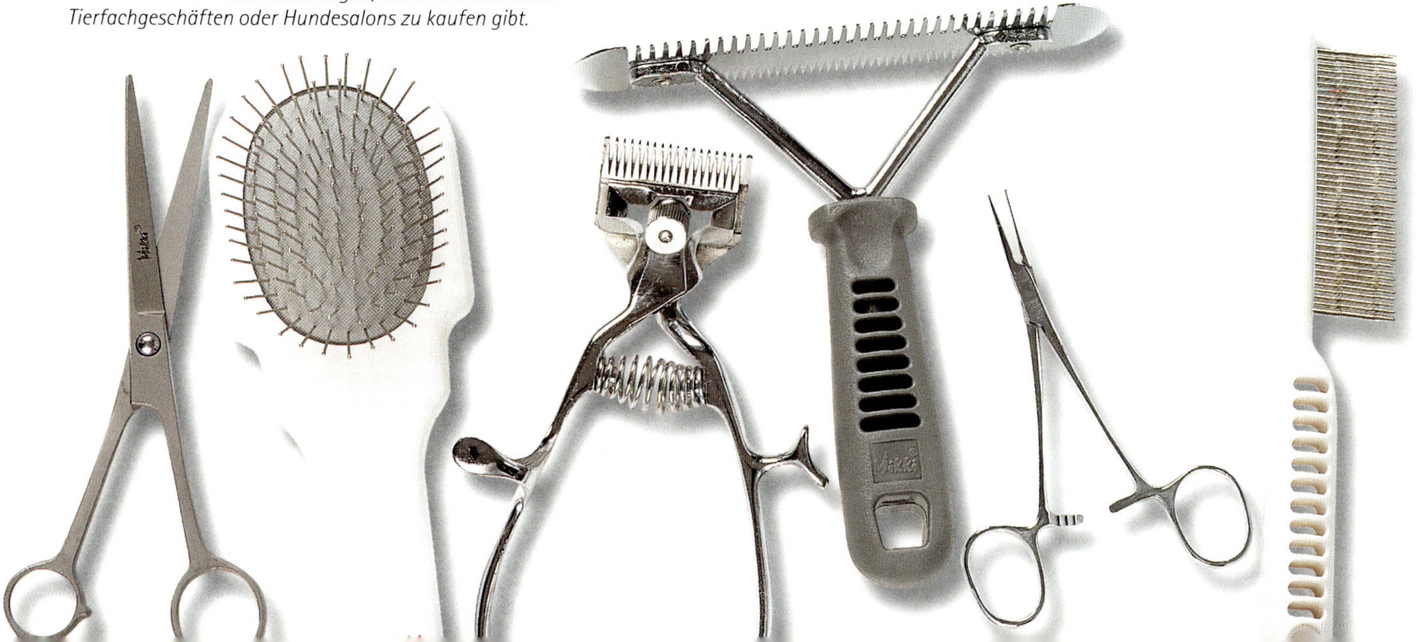

Hunde schätzen es, ihr eigenes Bett zu haben. Es sollte mit einer weichen Decke ausgestattet sein, die man nach Bedarf wäscht.

Hunde im Freien

Hunde sind relativ robust, wenngleich jene ohne entsprechendes Haarkleid sehr wetterempfindlich sein können. Führen Sie einen solchen Hund an einem nassen Tag zu einem Spaziergang aus, sollten Sie ihn vielleicht mit einem passenden Mantel ausrüsten, besonders, wenn es auch noch kalt ist. Abgesehen von Rassen wie dem Mexikanischen Nackthund gibt es noch eine Anzahl anderer Rassen, denen Kälte mehr zusetzt als anderen.

Wetterschutz

Greyhound, Whippet und ähnliche Rassen haben wenig isolierendes Körperfett unter der Haut und ein relativ lichtes, kurzes Haarkleid. Sie alle werden es unter bestimmten klimatischen Voraussetzungen schätzen, wenn sie einen Mantel tragen dürfen. Und manch anderer älterer Hund mag Ihnen dafür ebenfalls dankbar sein, wenn das Wetter entsprechend schlecht ist. Die Länge vom Halsende bis zum Rutenansatz ist das entscheidende Maß bei der Wahl eines Hundemantels.

Der Schnitt ist eigentlich unwichtig, aber überprüfen Sie die Art und Weise, wie der Mantel am Körper des Hundes befestigt wird. Dies sollte mit Hilfe eines Bandes geschehen, das am Kleidungsstück festgemacht ist. Stülpen Sie einen Mantel ohne Befestigungsmöglichkeit einfach über den Hund, geht jener leicht verloren. Gerät Ihr bekleideter Vierbeiner nämlich auf einem Spaziergang irgendwo ins Unterholz, kann er ohne weiteres hängen bleiben und streift dann den Mantel problemlos ab, um sich zu befreien.

Was tun mit einem verschmutzten Hund?

Wenn Sie Ihren Hund fernab von Straßen bewegen, werden zumindest seine Pfoten, vielleicht aber auch seine Beine und sein Bauch voll Schlamm, Sand oder nasser Erde sein. Besonders unangenehm ist dies bei Rassen wie Settern oder Spaniels, deren Läufe mit langem Haar befedert sind.

Nützlich ist ein altes Badetuch, das man jederzeit im Wagen mitführt und mit dem man seinem Hund jeweils Pfoten und Läufe vor dem Einsteigen abreibt. Lehmige Erde und Schlamm sind jedoch schwer ohne Wasser wegzukriegen, so daß damit verschmierte Hunde daheim meistens nochmals gewaschen werden müssen, bevor man sie ins Haus lassen kann. Man kann sie jedoch auch trocknen lassen, um den Schmutz anschließend aus dem Fell zu bürsten.

Pfotenprobleme

Ernste Probleme können bei langhaarigen Rassen vor allem im Spätsommer durch Grassamen entstehen. Werfen Sie bei einem solchen Hund nach einem Spaziergang stets einen Blick auf die Pfoten. Kontrollieren Sie, ob in deren Bereich, vor allem zwischen den Zehen, irgendwelche Samen hängen

Kleidung für Hunde geht längst über den simplen Mantel hinaus und kann u. a. dazu dienen, den Träger auf Spaziergängen vor Beschmutzung zu bewahren. Die hier gezeigte Bekleidung hält den Hund auch warm, nachdem er im Wasser gewesen ist.

Ein Strand bietet eine ganze Anzahl Risiken, wenn der Hund dort alleine umherschweift. Dieser hier geriet in weichen Schlamm und hätte u. U. steckenbleiben können. Ein Bad wird unumgänglich sein!

geblieben sind. Entfernen Sie diese nicht, so kann die scharfe Spitze des Samens die Haut zwischen den Ballen durchdringen und in den Fuß gelangen. Grassamen können sich den Lauf hinaufbewegen und großen Schmerz und viel Unannehmlichkeit schaffen.

Ein häufiges frühes Anzeichen einer solchen Situation ist es, wenn Ihr Hund ständig an einer Pfote kaut und knabbert und vor allem nur ungern darauf absteht. Zeigt er jedoch diese scheinbare Lahmheit nicht, könnte er an einem Befall durch die Herbstgrasmilbe (Trumbicula autumnalis) leiden. Die voll entwickelte Form dieses Parasiten gleicht einer winzigen roten Spinne, deren Larven sich auf der Unterseite der Pfoten sammeln und eine ernste Hautreizung zwischen den Zehen erzeugen.

DRAUSSEN SCHLAFEN

Hunde sind im allgemeinen robust, und man findet sie zusammen mit Wölfen und Füchsen in Gegenden, wo die Temperaturen regelmäßig auch unter Null fallen. Ihr dichtes Fell hilft ihnen, ihre Körpertemperatur zu erhalten. Darüber hinaus haben sie auch die Gewohnheit, sich zu einem Ball zusammenzurollen, was uns dieser Fuchs vorführt. Wird ihnen wärmer, strecken sie sich aus und legen sich auch zur Seite.

KÖRPERPFLEGE

Hunde zeigen enorme Unterschiede, was das Aussehen ihrer Augen und Ohren betrifft. Bei bestimmten Rassen, so etwa beim Pekingesen, stehen die Augen besonders hervor, während im Falle des Basset Hounds die Ohrmuscheln im Vergleich zu jenen des Wolfs gewaltig vergrößert sind und verständlicherweise nicht mehr aufrecht getragen werden.

Der Bloodhound ist ein anhänglicher Begleiter und sehr lieb zu Kindern. Er braucht viel Bewegung und gehört deshalb in eine ländliche Umgebung. Seine Ohren und Augen sollten täglich kontrolliert und nach Bedarf entsprechend gepflegt werden.

Ohrenpflege

Man nimmt an, daß die Laufhunde u. a. deshalb Hängeohren haben, um ihren inneren Gehörgang vor Verletzungen zu schützen, wenn sie sich durch dichtes Unterholz zwängen. Solche Ohren sind anderseits Infektionen förderlich, besonders dann, wenn sie lang und schwer sind. Spaniels leiden oft an Ohreninfektionen, die durch eine Kombination verschiedener Bakterien, Pilze und Milben bewirkt werden. Deshalb ist es wichtig, daß die Ohren bei gefährdeten Rassen regelmäßig auch vom Veterinär kontrolliert werden, damit man eine allfällig notwendige Behandlung früh genug vornehmen kann.

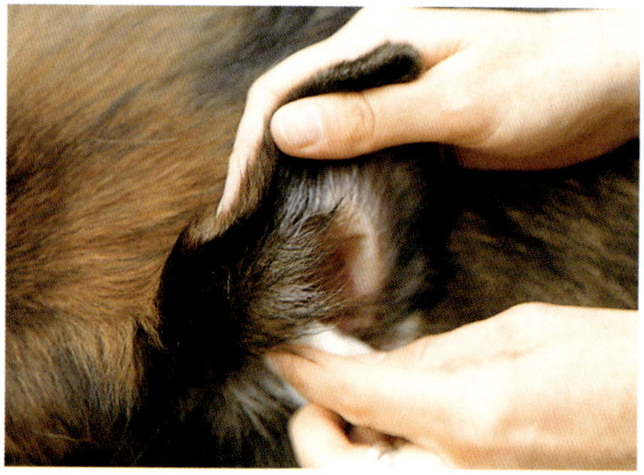

Das Reinigen der Ohren sollte man stets sorgsam ausführen. Verwenden Sie dafür weiche Watte, die Sie vorher leicht in handwarmes Wasser getaucht haben. Für jede weitergehende Behandlung konsultieren Sie den Veterinär und befolgen strikte dessen Rat.

Leider sind Rückfälle nicht selten, und recht bald mag Ihr Hund wiederum mit seinen Pfoten an den Ohren kratzen, weil sie ihn jucken oder ihm gar Schmerzen verursachen. Rasche Behandlung ist der beste Garant für eine baldige Heilung. Lesen Sie die Medikamentenbeschreibung sorgfältig und halten Sie sich an die Anweisungen in der Hoffnung, das Problem trete nach der Besserung nicht mehr auf.

Führen Sie die Behandlung auch dann zu Ende, wenn Sie glauben, es sei nun alles wieder in Ordnung, andernfalls kann sich die Sache sehr rasch wieder verschlechtern. In den allerschlimmsten Fällen, wenn eine lange chronische Ohrenentzündung vorliegt, mag eine Operation die einzig noch erfolgreiche Lösung sein. Dabei wird der Gehörgang geöffnet, damit er richtig gereinigt werden kann. Anschließend bleibt er offen, was den Hund nach erfolgter Wundheilung aber nicht weiter stört. Auch eine besondere Entstellung ist nicht sichtbar, denn bei Hunden mit Hängeohren wird der Gehörgang ohnehin durch die Ohrmuschel verdeckt.

Augenpflege

Hunde mit vorstehenden Augen sind sehr anfällig auf Augenverletzungen. Ihr verkürztes Gesicht bringt zudem die Veranlagung zum Tränen mit sich, weil die Nasentränendrüsen gegen das untere Augenlid drücken.

OHREN

KIPPOHR
Ohrmuschel nach vorn gefaltet, ihre Spitze nahe am Schädel, deckt die Ohröffnung ab und deutet aufs Auge hin (Irish Terrier).

HÄNGEOHR
Dreieckig und abgerundet, Ohrmuschel nach vorn fallend und am Kopf anliegend (Beagle).

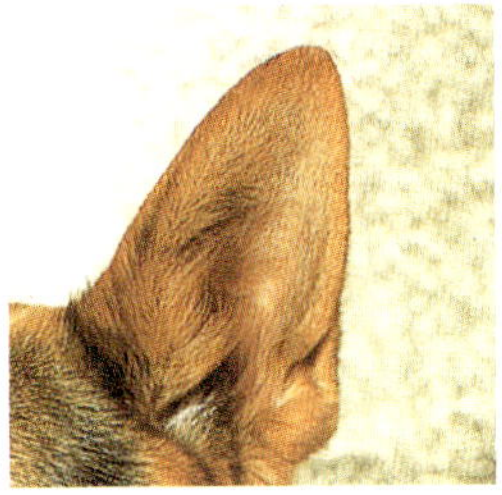

STEHOHR
Aufrecht stehend und normalerweise zugespitzt (Deutscher Schäfer).

ROSENOHR
Kleines Hängeohr, der Länge nach in der Mitte durchgebogen (ähnlich dem Blütenblatt der Rose), Ohrenrand dadurch hervorgehoben (Mops).

Schmutzansammlungen und Tränenflüssigkeit unterhalb des Auges sollten mit Watte sorgfältig abgetupft werden.

Falls Sie die Augen mit Tropfen behandeln müssen, halten Sie den Kopf des Hundes wirklich fest, so daß er ihn nicht wegdrehen kann. Wenn das geschieht oder wenn Ihr Hund gerade blinzelt, müssen Sie nochmals von vorn anfangen.

Um eine wirksame Behandlung aufrechtzuerhalten, müssen Sie ein erkranktes Auge etwa viermal täglich mit Tropfen versehen. Der Grund ist der, daß das Medikament durch die Augenflüssigkeit rasch verdünnt und weggewaschen wird. Immerhin sprechen Augenleiden im allgemeinen sehr rasch auf eine Behandlung an.

Wenn Sie Salbe verschrieben bekommen, drücken Sie diese vom Hinterende der Tube wenn möglich in einer horizontalen Linie über das Auge.

Was bei den Ohren schon gesagt wurde, das gilt auch hier: Es ist wichtig, die Behandlung zu Ende zu führen, selbst dann, wenn der Hund vorzeitig genesen zu sein scheint.

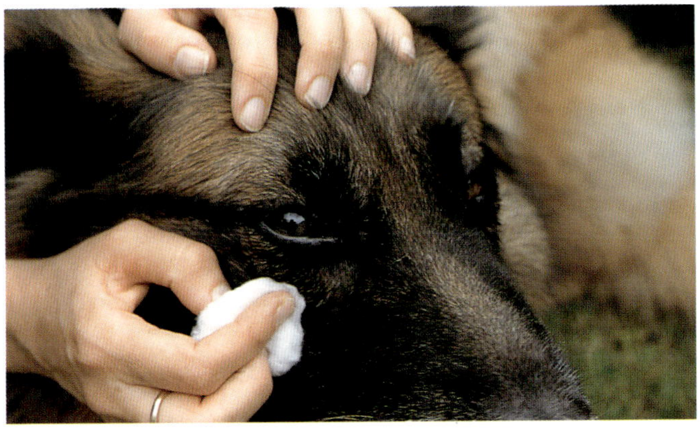

Wischen Sie Tränenflüssigkeit immer mit Watte ab, die Sie vorher mit etwas Wasser befeuchtet haben. Fahren Sie immer sorgfältig vom Auge weg, bis der Tränenfleck ganz verschwunden ist.

AUGEN

KUGELFÖRMIG
Nur scheinbar hervorquellend; wenn im Profil betrachtet, nicht herausragend (Chihuahua).

MANDELFÖRMIG
(Deutscher Schäfer)

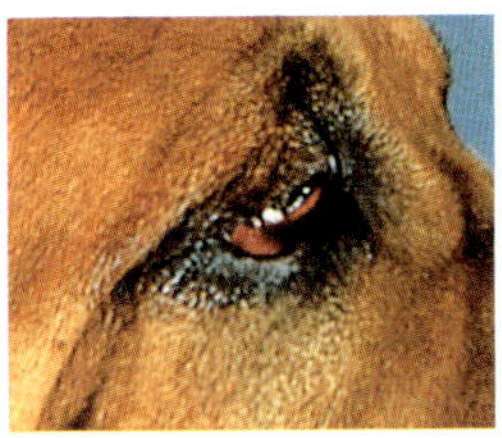

MIT SICHTBARER BINDEHAUT
Gilt bei gewissen Rassen als Fehler (Bloodhound).

KREISFÖRMIG
So rund wie möglich (Kurzhaariger Foxterrier).

Zähne und Krallen

Haushunde haben im allgemeinen ein geruhsameres und luxuriöseres Leben als ihre wilden Artgenossen. Sie sind deshalb auch anfälliger für Zahnprobleme und haben oft überlange Zehennägel. Zu viele Häppchen, weiches Futter und weniger Knochen, die es abzunagen gilt, haben die Zähne unserer Vierbeiner empfindlicher gemacht, und dies zu einer Zeit, da die Lebenserwartung der Hunde höher ist als je zuvor. Im weiteren hat der Mangel an Bewegung dazu geführt, daß die Krallen sich nicht mehr in dem Maße abwetzen, wie dies in der freien Wildbahn normal wäre.

Zahnpflege

Haben Sie Ihren Welpen daran gewöhnt, seinen Fang auf Ihren Wunsch hin aufzumachen, können Sie damit anfangen, ihm so jede Woche einmal die Zähne zu bürsten. Das wird dazu beitragen, daß sich kein Zahnbelag bildet, der häufig zu Zahnfleischproblemen und dann weiter zur Schwächung der Wurzeln führt. Spezielle Zahnbürsten und -pasten sind im Handel erhältlich. Normale Zahnpasta ist ungeeignet, da unsere Hunde ihren Geschmack nicht mögen. Bürsten Sie die Zähne nicht zu heftig und bringen Sie das Zahnfleisch nicht zum Bluten. Denken Sie anderseits daran, daß es die Spalten zwischen den Zähnen und die Übergänge zwischen Zahn und Zahnfleisch sind, wo die meisten Probleme auftauchen.

Es ist auch möglich, die Zähne mit Hilfe von Kauartikeln und durch Verabreichung von Trockenfutter besser instand zu halten. Hundezähne entwickeln keine Karieslöcher wie unsere. Wenn unbedingt nötig, wird Ihr Veterinär Ihrem Hund die Zähne unter Anästhesie reinigen und allfällige schlimme Ablagerungen von Zahnstein entfernen. Mundgeruch, zusammen mit einer Neigung zu geifern, sind typische Zeichen von Zahnproblemen.

Praktischer Hinweis

Ein langhaariger Hund, der infolge von Zahnproblemen geifert, leidet möglicherweise an einer Infektion der äußeren Lippen. Unter solchen Umständen mag es ratsam sein, das Haar rund um den Fang zurückzutrimmen.

Fängt man mit dem Zähneputzen sehr früh an, wird Ihr Hund mit zunehmendem Alter viel weniger Zahnprobleme haben. Es gibt spezielle Zahnpflegegarnituren für Hunde, die, falls regelmäßig benutzt, die Zahnsteinbildung wesentlich hemmen. Zahnstein ist für das Gebiß Ihres Hundes äußerst nachteilig.

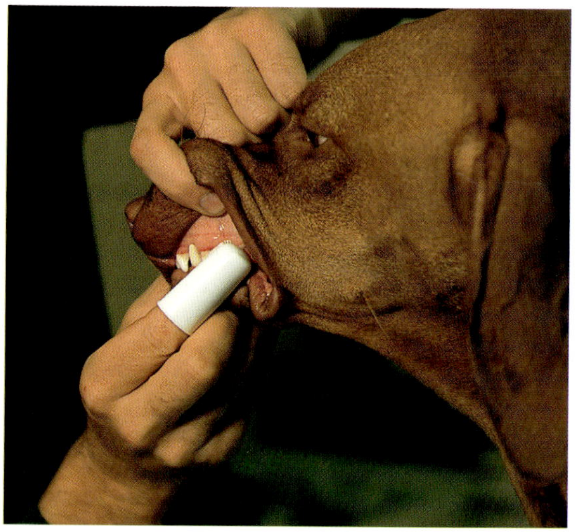

Manchen Hunden macht es nichts aus, wenn man ihnen die Zähne mit einer Fingerbürste reinigt. Diese ist besonders geeignet, um Ansammlungen von Futterresten und Zahnstein an den Zahnrändern zu entfernen.

Krallen

Die Afterkrallen sind jene Krallen, die am ehesten zu lang werden, weil sie mit dem Boden nie in Berührung kommen und trotzdem weiterwachsen. Wurden sie nicht in den ersten Lebenstagen entfernt, muß man sie zurückschneiden, bevor sie so lange werden, daß sie in den Ballen einwachsen. Es ist zwar auch bei erwachsenen Hunden noch möglich, Afterkrallen zu entfernen, was aber bereits eine kleine Operation bedingt.

Wenn es darum geht, die Krallen zurückzuschneiden, können Sie entweder zum Veterinär gehen oder es selbst tun. Ist Ihr Hund regelmäßiger Kunde in einem Hundesalon, ist es ganz selbstverständlich, daß die Arbeit dort ausgeführt wird. Das Werkzeug, das man dazu braucht, ist ein robuster Nagel-Clip. Diesen findet man in jedem Spezialgeschäft, und notfalls können Sie auch Ihren eigenen verwenden, wenigstens für einen kleineren oder mittelgroßen Hund. Seien Sie vorsichtig, daß Sie die Nägel nicht zu kurz schneiden; sonst bluten sie.

Stellen Sie den Hund zuerst auf eine angenehme Höhe, d. h. auf einen Tisch oder eine Bank, damit Sie die Zehen auch wirklich gut sehen können. Wenn Sie eine Kralle genau betrachten, sehen Sie anhand eines rosafarbenen Striches, wie weit ihre Durchblutung geht. Schneiden müssen Sie etwas unter der Stelle, wo dieser Strich aufhört.

Die Krallen mancher Hunde sind sehr dunkel, fast schwarz, und es ist nicht immer einfach zu erkennen, wie weit die Blutzufuhr wirklich reicht. Unter solchen Umständen sollten Sie besonders vorsichtig zu Werke gehen. Exaktes Schneiden der Krallen ist weitgehend eine Frage der Erfahrung, und sollte Ihnen anfänglich ein Mißgeschick passieren, drücken Sie mit etwas befeuchteter Watte gegen die Schnittstelle, um die Blutung zu stoppen. Ein wenig Desinfektionsspray wäre anschließend ebenfalls ratsam.

Praktischer Hinweis

Seien Sie nie versucht, zum Krallenschneiden eine Schere zu verwenden. Sie ist nicht stabil genug, um den Nagel sauber zu durchtrennen. Es besteht daher die Gefahr, daß er sich spaltet.

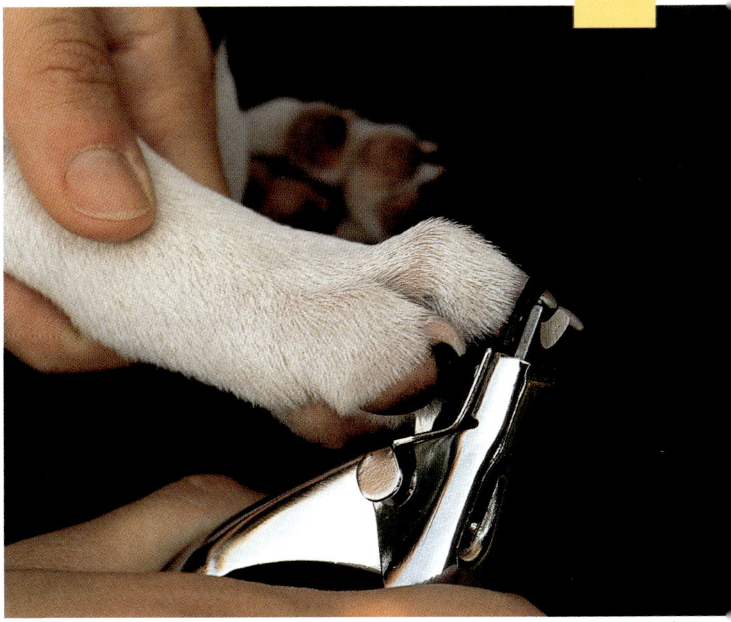

Welpen haben scharfe Kallen, und es kann aus verschiedenen Gründen nützlich sein, sie zu stutzen: erstens mag es die Mutterhündin nicht sonderlich, wenn sie ständig zerkratzt wird (Sie selbst übrigens sicher auch nicht!), zweitens können die Welpen im Bettzeug hängenbleiben und drittens lassen sich Krallen, die schon sehr früh zurückgeschnitten wurden, auch später stärker stutzen, weil sie nicht bis weit in die Spitzen hinaus durchblutet sind.

Die meisten Hunde haben nichts gegen das Krallenschneiden, wenn sie es seit ihrer Jugendzeit gewohnt sind. Schließlich ist das Ganze ja, falls korrekt ausgeführt, schmerzlos. Bei Hunden, die sich dagegen wehren, ist eine Hilfsperson sehr von Nutzen, die das Tier festhält und ihm beruhigend zuredet.

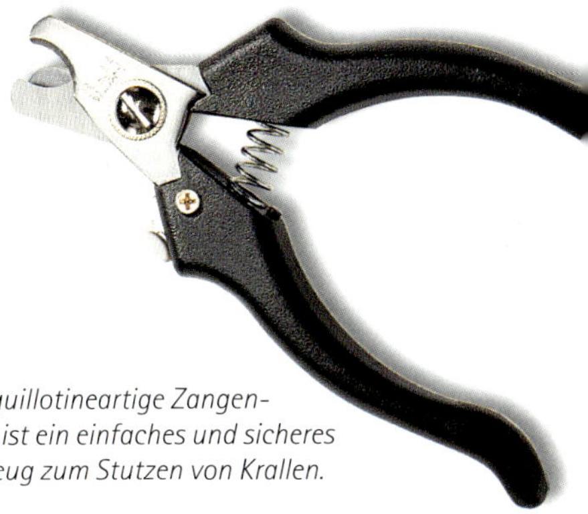

Diese guillotineartige Zangenschere ist ein einfaches und sicheres Werkzeug zum Stutzen von Krallen.

REGISTER

BILDNACHWEIS

Quarto möchte folgenden Menschen danken für die Erlaubnis, ihre Bilder in diesem Buch zu verwenden. Wir waren bemüht, alle Copyright-Besitzer ausfindig zu machen, möchten uns aber entschuldigen, falls doch Lücken vorhanden sind.

Schlüssel: o = oben, u = unten, m = Mitte, l = links, r = rechts.

David Alderton 117(u);
Animal Photography 1(u), 25, p.28(u), 30, 33, 36(o), 37, 44, 46, 47, 51(u), 53(o), 54(u), 56, 59(o), 64, 69(u), 77, 79(l), 80(o), 84(o), 90, 91(r), 93, 95(l), 96(o), 99(u), 101 (r), 115(o), 118(u), 122, 128, 135(o+m), 36(ol), 38(o);
Ann Ronan at Image Select 20, 22, 51(o), 52(o), 115(u); Ardea 126, 133;
ET Archive 16, 17;
Marc Henrie 60(o), 74, 81(o);
Iacana 1(o), 2, 3, 6, 7, 19(o), 31, 34, 35(m+u), 43(o), 49, 57, 62, 65, 69(o), 71(o+u), 76, 81(u), 86, 87, 92(u), 94, 95(r), 96(u), 98(l+r), 99(o), 106, 107, 108, 111, 119(o), 121(o+u), 124, 127, 131, 134(o), 136(u);
Monty Sloan/Wolf Park 43(u), 91(l);
Papilio 15; **Shoot Photographic** 83, 110(o), 116(u), **The Streatham Hill Veterinary Surgery** 104;
Bruce Tanner Photographer 26(o), 42, 55(u), 60(u), 88(o), 89(o), 105(o+u), 117(o), 118(o), 120, 129, 137(u);
Warren Photographic 14, 24(u), 28(o), 61(o), 66, 68, 70, 75(o), 84(u), 102(o);
Windrush 73, 78, 137(o).

Unser Dank für die Requisiten zum Fotografieren geht an: **Cally Pet Stores** 345a Caledonian Rd, London N1 1DW

Wir möchten auch den folgenden Helfern an diesem Projekt danken:

Wolf Park
Battle Ground
Indiana 47920
USA

The Streatham Hill Veterinary Surgery
101 SternholdAvenue
Streatham Hill
London SW2